"中国STEM教育2029

王 素 主编／李 佳 袁 野 副主编

STEM

与工程思维

李双寿／主 编

教育科学出版社
·北京·

出 版 人　郑豪杰
项目统筹　殷　欢
责任编辑　殷　欢
版式设计　徐丛巍　杨玲玲
责任校对　贾静芳
责任印制　叶小峰

图书在版编目（CIP）数据

STEM与工程思维 / 李双寿主编. —北京：教育科学
出版社，2023.4（2024.4重印）
（"中国STEM教育2029行动计划"丛书 / 王素主编）
ISBN 978-7-5191-3390-0

Ⅰ. ①S⋯　Ⅱ. ①李⋯　Ⅲ. ①创造教育—研究
Ⅳ. ①G40-012

中国国家版本馆CIP数据核字（2023）第034314号

"中国 STEM 教育 2029 行动计划"丛书
STEM与工程思维
STEM YU GONGCHENG SIWEI

出 版 发 行	教育科学出版社				
社　　　址	北京·朝阳区安慧北里安园甲9号		邮　　编	100101	
总编室电话	010-64981290		编辑部电话	010-64981269	
出版部电话	010-64989487		市场部电话	010-64989009	
传　　　真	010-64891796		网　　址	http://www.esph.com.cn	
经　　　销	各地新华书店				
制　　　作	北京京久科创文化有限公司				
印　　　刷	天津市光明印务有限公司				
开　　　本	720毫米×1020毫米　1/16		版　　次	2023年4月第1版	
印　　　张	17.5		印　　次	2024年4月第2次印刷	
字　　　数	230千		定　　价	59.80元	

丛书编委会

主　编：王　素

副主编：李　佳　袁　野

编　委：（以姓氏拼音排序）

本书编委会

主　编: 李双寿　清华大学基础工业训练中心

编　委: 王志成　清华大学基础工业训练中心

　　　　李作林　中国人民大学附属中学

　　　　申大山　清华大学附属中学

　　　　邱　楠　清华大学附属中学

　　　　赵　宇　中国人民大学附属中学实验小学

　　　　谭健颖　广东实验中学越秀学校

　　　　查思雨　清华大学终身学习实验室

丛书序一

我国改革开放以来的发展经验表明，人才，尤其是科技人才是国家实现从富起来到强起来伟大飞跃的重要资源。党和国家领导人历来对人才工作高度重视，从邓小平同志提出"尊重知识，尊重人才"，到习近平总书记提出"人才是第一资源"，无不体现了这一点。现今，在我国迈向第二个百年奋斗目标的新征程上，科技人才的重要作用更加凸显。一方面，在后疫情时代全球经济增长放缓、"贸易战"频发、大国力量对比变化等影响下，"技术脱钩""教育脱钩"等正成为阻碍全球发展的重要因素，国际环境日趋复杂；另一方面，新一轮科技革命和产业革命的加速拓展使得全球创新版图正在重构，抢占科技制高点的竞争将更加激烈。

在这样的背景下，科技人才自主培养就成为我国建设现代化强国的重要保障，也赋予教育新的重要时代使命。在过去，我们的教育虽不及发达国家，但可以充分利用"超级全球化"的红利和机会，通过广泛的教育与科研国际合作交流弥补我们在科技人才培育上的不足；但是在当今全球化受阻、"逆全球化"势力抬头的背景下，原来的科技领域国际合作交流路径障碍重重，所以必须对教育发展做出新的调整与规划，"提高人才供给自主可控能力"。正如习近平总书记《在中国科学院第二十次院士大会、中国工程院第十五次院士大会、中国科协第十次全国代表大会上的讲话》中所指出的："培养创新型人才是国家、民族长远发展的大计。当今世界的竞争说到底是人才竞争、教育竞争。要更加重视人才自主培养，更加重视科学精神、创新能力、批判性思维的培养培育。"①

---

① 习近平. 在中国科学院第二十次院士大会、中国工程院第十五次院士大会、中国科协第十次全国代表大会上的讲话 [EB/OL].（2021-05-28）[2022-10-08]. http://www.gov.cn/xinwen/2021/05/28/content_5613746.htm.

虽然高等教育直接关系到科技人才，特别是创新科技人才的培养，但是中小学教育阶段所发挥的奠基性作用也不容忽视。国内外研究均表明，许多大科学家对科学的终身兴趣始于童年，所以从小保护好学生的科学兴趣并且让其一直持续下去就非常重要。另外，科学精神、科学思维等是成长为科学家的必备素养，而这些素养需要从小培育。相比于西方发达国家，我们目前的科学教育体系还存在着不少问题，这也是目前我国面临技术"卡脖子"难题的重要根由。在这里，我愿意结合我自己的学习与工作经历，就中小学阶段的科技人才培养谈几个需要关注的问题。

第一，如何进一步提高理科教育在中小学的地位。在过去，我们有"学好数理化，走遍全天下"的口号，影响了一批又一批的高中生在高中文理分科时选择理科，在高考志愿填报时选择理工类专业。近些年来，在取消文理分科后，不少学生在选择高考科目时避难就易，再加上缺少必要的指导，使得物理、化学、生物学等科目的受重视度不够。而从国际发展经验和相关研究来看，科学领域的人才培养需要从青少年时期抓起，这已经成为国际共识。以美国为例，美国在科学和工程教育上处于世界领先地位，而美国2022年发布的《学前至小学阶段的科学与工程：儿童聪慧与教育者优势》强调指出：应该从学前阶段就开始进行科学和工程教育，包括重视学习环境建设、注重学科整合、加强课程资源和教师队伍建设等。①

第二，如何改革理科课程、教学与评价体系，以更好地培养中小学生的科学兴趣与科学思维。经过改革开放几十年以来的发展，我国的中小学教育已经解决了"有学上"的普遍需求，随着社会主要矛盾转化为"人民日益增长的美好生活需要和不平衡不充分的发展之间的矛盾"，人们对教育的需求也开始向"上好学"转变。教育的"内卷"成为一种突出的社会现象，中小学理科教育的应试

---

① National Academies of Sciences, Engineering, and Medicine. Science and Engineering in Preschool Through Elementary Grades: The Brilliance of Children and the Strengths of Educators[M/OL]. Washington, D.C.: The National Academies Press，2022［2022-10-08］. https://doi.org/10.17226/26215.

化现象仍然没有得到有效解决。中国科学院2021年针对220多位院士的调研结果显示，79.1%的院士认为基础教育阶段的过度"刷题"磨灭了学生的好奇心与科学兴趣。[①]解决这一问题，需要科学的制度设计，其中，课程、教学与评价体系的改革既是关键，也是基础。

第三，如何开发和利用好校外科学教育学习资源。课外的科学学习资源对于扩大学生视野、激发学习热情具有重要的价值。我在上中小学的时候，科学方面的课外图书资源相当有限，还是高中时读到的《化石》杂志激起了我对古生物学的兴趣。通过课外阅读，我开始了最初关于生物进化的思考，并在高考时选择了古生物学专业，最终走上古鸟类研究之路，推究原因，也正是源于青少年时期这段启蒙经历。现在的课外学习资源除了纸质的书籍外，还有各种各样的电子资源，比我们那时丰富了不少，所以要有效利用起来。国外在这方面已经形成了一些成熟的做法。例如，美国课后联盟（The Afterschool Alliance）发布的报告显示：2020年，73%的家长反映他们的孩子课外学习项目中有STEM学习的内容，60%的家长反映他们的孩子每周至少参与两次STEM活动[②]；57%的社区图书馆会为学龄前儿童提供STEM课程，87%的图书馆会为小学生提供STEM课程等[③]。站在新的历史起点，参考他山之石，我们在推进中小学科学教育方面，更要充分利用现有资源，加快探索步伐。

上述这些问题的解决不可能一蹴而就，可以在有条件的地区通过实验性的实践来进行探索，这既需要理论研究为之廓清方向，更需要有效的实践操作指导以及相应的案例分享。中国教育科学研究院王素研究员集多年研究主编的这

---

① "我国数理化基础学科教育若干重大问题研究"课题组. 我国数理化基础学科教育若干重大问题研究（咨询报告）[R]. 北京：中国科学院，2021.

② The Afterschool Alliance. STEM Learning in Afterschool on the Rise, But Barriers and Inequities Exist[R/OL].(2021-08)[2022-10-08]. http://afterschoolalliance.org/documents/AA3PM/AA3PM-STEM-Report-2021.pdf.

③ The Afterschool Alliance. Community STEM Collaborations that Support Children and Families[R/OL].(2020)[2022-10-08]. http://afterschoolalliance.org/documents/Community-STEM-Collaborations-that-Support-Children-Families.pdf.

套"中国STEM教育2029行动计划"丛书涉及科学教育的课程设置、教学设计、学生评价、教师专业发展、优秀案例呈现等方方面面,相信会对相关的改革实践提供有价值的参考,并发挥积极作用。

中国科学院院士

教科版小学《科学》教材主编

丛书序二

我们正处在一个大变革的时代，科技革命日新月异，全球格局正在重塑，大国博弈日趋激烈。国际竞争的根本在于人才的竞争，特别是高科技人才的竞争，因此很多国家把科学、技术与工程教育置于国家的战略地位，认为STEM教育与科技人才的培养关乎国家安全和人才竞争。我国要在2035年基本实现社会主义现代化，进入创新型国家前列，实现建成人才强国的战略目标，加快建设世界重要人才中心和创新高地，其中，STEM教育对于我国培养科技人才、提升青少年的科技素养具有重要意义。

中国教育科学研究院于2017年成立了STEM教育研究中心，并发布了《中国STEM教育白皮书》，提出了"中国STEM教育2029行动计划"。该计划提出，中国的STEM教育要有顶层设计，要实现大中小学的贯通培养，要利用社会资源建立STEM教育生态，发展一批STEM领航学校和种子学校，培养一批STEM种子教师，并开展系列的促进STEM教育发展的活动。几年来，我们努力发挥科研的引领作用，通过建立STEM教育协同创新中心、召开STEM教育发展大会、开展相关课题研究等推动中国中小学STEM教育的发展，并取得了一定的成效。同时，在对中国STEM教育的调研中我们发现，大部分学校和教师对STEM教育有一定的认识，但是缺乏系统的知识和有效开展STEM教育的方法。因此，我们在2020年组织STEM教育领域的相关专家进行了一系列研讨，希望给教师提供一套完整的、实用的STEM教育案头书，书中既有相关理论的阐述，又有可操作的案例，由此诞生了"中国STEM教育2029行动计划"丛书。

丛书共12本，包括《数字化转型中的STEM教育》《STEM课程设计与实施》《STEM学科教学：链接与赋能》《STEM教师的跨学科成长》《STEM教学设计与评价》《STEM活动与竞赛》《未来学校设计：STEM空间营造》《STEM与工程思维》《STEM与设计思维》《STEM与计算思维》《STEM与创新思维》

和《STEM与人工智能》。

《数字化转型中的STEM教育》重点梳理了STEM教育的相关理论以及在数字化转型的大背景下STEM教育的基本特征。书中提出，STEM教育更关注学生跨学科整合能力和问题解决能力的培养，而数字化转型对学生提出的能力要求中，跨学科知识、认知和元认知技能、创造新价值、协调矛盾和应对困境等方面都与STEM教育的目标相符。STEM教育将成为支撑数字化转型的重要方式之一。书中对STEM教育的跨学科性、情境化、实践性、素养导向性、智能化和创新性的阐述对落实新课标提出的学科实践、跨学科整合都具有参考价值。

学校教师非常关注如何在学校现有的课程体系下设计和开展STEM教育。我们认为STEM不是一门课程，而是一个课程群，涵盖的内容非常广泛，在学校的实施形式也是多样化的，包括学科教学、跨学科项目、活动、竞赛等。针对当前教师面临的主要挑战，我们组织了6本书来系统地阐述如何进行STEM课程设计与实施。

其中，《STEM课程设计与实施》一书阐述了STEM课程建设的本质、模式与特征。这本书提出，STEM课程的设计与开发首先须遵循课程开发的基本规范，聚焦课程的定位、课程的价值取向、课程的构建、课程的目标、课程的实施与课程的评价等六方面。其次，STEM课程是体现跨学科融合的综合课程。最后，STEM课程是项目式课程。和所有的项目式课程一样，它在设计开发与实施时是以真实项目为驱动的。这种界定对于学校建设STEM课程非常有价值。书中还对STEM课程目标设计、内容开发、内容来源与转化、实施路径及评价都进行了系统的论述，并给出了不同类型的STEM课程案例供读者参阅。

STEM分为广义和狭义之说，其本质是跨学科教育，但在当前学科教学占据绝大部分时间的情况下，如何在学校开展STEM教育？我们从学科教学、跨学科教学、活动与竞赛等不同的STEM教育形态出发向教师们展示如何开展STEM教育。

《STEM学科教学》这本书有个副标题：链接与赋能，表明了本书作者对STEM与学科教学关系的认识。在作者看来，当下随着新课标的发布，课程改革已经进入了以"提质增效"为特征的深化阶段，学科教学还可以在关注学生的问题解决能力、跨领域合作交往能力以及学习活动设计与实施的有效性、学科之间的有机整合、信息技术与学科学习的深度融合等方面进行改进。这其中就体现了STEM教育对学科教学的赋能。STEM教育的跨学科性、项目式的学习方式，强调在真实世界中创造性地解决问题的能力，不正是新课标期待学科教学完成的目标吗？如何实现这种赋能呢？这就是链接的作用。欢迎读者进一步阅读这本书，挖掘更多学科教学与STEM教育的关系。

STEM教育最典型的特征就是跨学科融合，这也是新课标所强调的。很多老师对跨学科教学感到陌生，不知道如何应对，所以我们专门写了一本《STEM教师的跨学科成长》。这本书以活泼新颖的视角阐释了跨学科的演变过程，并从学识、思维、视角、技能四个方面给出了教师的跨学科成长路径。读完这本书，相信你会深受启发，积极走上跨学科成长之路。

STEM教学如何设计与评价？我们也专门用一本书来进行阐述。新课标强调素养导向的教育，强调"教—学—评"一体化，这些理念在STEM教学中如何实现？STEM教学是否有独特的教学模式和有效的教学策略？作为一种项目式学习，STEM教学又如何实现通过评价促进学生核心素养的发展？如何设计和使用STEM学习评价量表？《STEM教学设计与评价》一书对此给出了积极的回应，并结合STEM学习的创新案例帮助大家对这些问题有更清晰的认识。

STEM教育在中国经历了演变的历程，科技教育曾经是更为我们所熟知的名字，尤其是科技活动和竞赛，学校和学生都很喜欢，参与度高。伴随着课程改革，学校设置了小学科学、中学理科课程、通用技术、信息科技、综合实践等有关课程，并开设有社团、校本课程以及科技节等多样的、丰富多彩的课程与活动。STEM教育与原有的很多科技活动和竞赛有着传承关系。学校和校外如何组织、设计STEM活动与竞赛？它们与学校的课程是什么关系？不同学段的STEM活动有什么特点？有哪些典型的STEM活动与竞赛？STEM活动与竞赛如何体现育人功能？《STEM活动与竞赛》一书对此进行了有意义的探索。

相比于常见的学科教学，STEM教育具有很大的特殊性，强调在真实的任务中解决问题，因此需要相应的空间、特殊的环境给予支持。什么样的学校空间是我们所期待的？它传递着怎样的理念？空间与教学和育人之间是什么关系？学习空间设计有哪些可能性？为了回答这些问题，我们专门写了一本《未来学校设计：STEM空间营造》。这本书无论是写作方式还是内容都非常具有创新性，它既有人文的叙事，又有哲理的思考，还给出了操作的方法。从中我们可以看到对学校设计方法论和流程的阐释，并通过具体案例了解到好的学校设计是如何诞生的，体会新的学习理念是如何影响空间设计的。

STEM教育特别注重学生思维方式的培养，我们用4本书阐述了4种重要的思维——工程思维、设计思维、计算思维、创新思维。在过去的学校教育中很多老师对这些思维的培养感到陌生，随着育人目标的改变，思维发展成为教育中极为重要的部分，特别是上述4种思维方式，无论学生将来从事什么职业，这几种思维培养好了，应对工作就会游刃有余。《STEM与工程思维》一书的作者从认知维度、能力维度和实践维度三个方面阐释了工程思维的价值、特点、思想方法，同时给出了运用工程思维解决问题的策略，以及工程思维教学案例及解析，为教师理解工程思维，有效开展教学实践提供了支持。

设计思维在各行业中应用广泛。有些中小学也开设了设计思维培养课程，但是大部分学校教师对设计思维及其教学还是陌生的。《STEM与设计思维》一书力图用一种设计思维的方式来写作，使用图文并茂的形式让读者一眼就可以看到设计思维的要义，并获得不一样的阅读体验。书中给出的大量案例也会让读者切身体会到设计思维的魅力，以及如何在教学中运用设计思维。

进入智能时代，面对全新的世界，人类不仅需要开发新的工具来控制和体验这些设备与技术，更需要全新的思维方式，使我们能够看透技术的本质，以创造性的、深思熟虑的和适当的方式理解并使用这些技术。从这个视角来看，计算思维作为运用计算机和互联网及其他信息处理代理有效执行人类构造和表述问题的思维方法，不仅是计算机科学家和数字工程师的专业兴趣，也将超越具体学科，成为这个时代最基本的思维方式。这是《STEM与计算思维》这本书中对计算思维的描述。计算思维将成为21世纪公民必备的基本思维智慧，成为与阅读、写作、算术一样的基本技能。如此重要的思维在中小学应该如何培养？本书作者对计算思维的本质、指向计算思维教育的STEM项目设计以及如何运用计算思维解决学科教学问题都做了系统阐述，并辅以案例说明。

创新思维是21世纪核心素养中的重要组成部分。对于创新思维大家既熟悉又陌生，熟悉的是在许多场景下都会提到创新思维的培养，陌生的是如何在学校教育中有效培养创新思维。创新思维可以赋能学生在不久的将来自如地应对工作、生活带来的挑战，也为社会带来更大的价值。赋能学生的前提是赋能学校，而这中间最重要的一环是赋能教师。教师如何设计教学活动激发学生的好奇心，使用什么方法和工具鼓励学生自主探索、应对挑战、学会从失败中学习，如何创建一个友善的环境，使用正确的沟通方式和学生对话、交流，值得每一位教师在阅读时深思。在这本《STEM与创新思维》中你还会了解到我国和新加坡多所学校的创新思维教学培养案例。

人工智能也是目前学校开展STEM教育的重要内容领域，因此我们特别编写了《STEM与人工智能》这本书，通过对各学段大量案例的展示与解析，让教师了解在STEM教育中如何开展人工智能相关内容的项目设计与实施。

我们期待这套STEM教育丛书能给教师提供更加全面了解STEM教育的机会，同时也希望这套书成为教师开展STEM教育的得力助手。我们还会开发与这套书配套的视频课程，使其成为STEM教师专业学习的有效资源。希望我们的努力能助推中国STEM教育的发展，更加希望我们这套书能成为正在阅读本书的你的好朋友。

王　素

中国教育科学研究院比较教育研究所所长

中国教育科学研究院 STEM 教育研究中心主任

前　言

2019 年 11 月，联合国教科文组织第 40 届全体大会通过决议，宣布将每年 3 月 4 日设为"促进可持续发展世界工程日"，通过举办该国际日全球庆祝活动，彰显工程师和工程技术对世界的贡献，提升公众对工程技术改善人类生活、推动可持续发展等核心作用的认知。

人类文明的进步史是一部人类工程文明的发展史。人类通过自身的努力和智慧创造了很多伟大的工程，如古埃及的金字塔，古希腊的雅典卫城，中国古代的都江堰、万里长城、大运河等。新中国成立以来，重大工程建设不断奋进，取得了累累硕果，"两弹一星"、高铁、"天眼"、探月工程、港珠澳大桥等，这些工程都堪称世界工程史的奇迹。

但是，人类文明在取得巨大成功的同时，也面临着前所未有的挑战：大气污染、温室效应、臭氧层破坏、土地沙漠化、水污染等，饥饿、贫困还在很多地方存在。为解决以上问题，联合国制定了 17 个可持续发展目标，以指导 2015—2030 年的全球发展工作，旨在从 2015 年到 2030 年间以综合方式彻底解决社会、经济和环境三个维度的发展问题，转向可持续发展道路。

工程师和工程是实现联合国可持续发展目标的关键。中国的工程问题也同样面临前所未有的挑战，这种挑战的不确定性不仅源于工程本身，更是因为要综合考虑科技、经济、文化、环境、社会等各方面的需求，发展的特殊阶段所面临的工业化、信息化、城镇化、市场化、全球化的挑战，以及气候变化、资源短缺、环境压力等难题。

与中国的工程问题相对应，中国的工程教育也面临着全球化发展、科技快速变革、可持续发展目标不断推进等外部环境的挑战。着眼于我们所面临的问题，我们的教育和人才培养也必须为应对这样的挑战做好准备。传统的教育模式需要变革，人才培养目标要从知识技能掌握转向发展学生的核心素养，以为学生未来面临的不确定性做好准备。很多新的教学方式，如 STEM 教育、创客教育、综合性跨学科主题学习等逐渐兴起，悄然地影响和改变着我们的教育。

"教育必须为社会主义现代化建设服务、为人民服务，必须与生产劳动和社会实践相结合，培养德智体美劳全面发展的社会主义建设者和接班人。"在全面建设社会主义现代化国家的新征程中，建设知识型、技能型、创新型劳动者大军，对于实现"两个一百年"奋斗目标，实现中华民族伟大复兴的中国梦，具有现实价值和深远意义。结合当下的基础教育课程改革，加强青少年学生的工程理论和工程实践方面的通识教育，让青少年更有能力胜任未来的工作；开展适合不同学段学生的工程教育，让学生更好地认识工程世界、工程对人类社会发展的重要意义，了解工程师是如何思考、如何工作、如何为社会服务的；通过动手实践、解决实际问题，培养学生的工程思维能力：这些做法无疑对学生的个人成长和未来发展都具有重要的意义。

在我国基础教育阶段，数学、科学等学科受到广泛关注，但大部分学生对工程一词感到陌生。随着高中通用技术课程标准将"工程思维"定为学科核心素养之一、2022 年版义务教育科学课程标准将"技术工程与社会""工程设计与物化"作为课程内容之一，大家对工程和工程思维开始有所耳闻，但工程及工程思维教育仍未在我国基础教育阶段受到足够的重视，这对学生认识工程的本质，认识工程、技术与科学之间的关系，STEM 教育理念的体现，STEM 课程实践的开展及实施的效果影响极大。

中国教育科学研究院 STEM 教育研究中心于 2018 年发布的《STEM 教师能力等级标准（试行）》对 STEM 教师在"STEM 学科基础——工程实践"方面提出的要求包括：理解工程学科在 STEM 中的价值和地位；理解工程思维的复杂性、系统性、目的性及价值性等特点；具备将工程思维贯穿应用于 STEM 课程的设计、实施、评价反思过程中的意识和能力。本书作为一本面向中小学工程教育的图书，肩负着将技术与工程教育相关标准、概念、目标及内容深化、拓展和落地的使命。基于上述分析，本书致力于：帮助中小学一线教师了解和认识工程思维的学科本质与教育价值，理解工程思维的方式方法，掌握工程思维教育中的核心问题解决策略，提供可模仿、可借鉴的教学案例和教学方法，为教师更好地开展和改进工程思维教育提供支持和帮助。

该书汇集了近几年来清华大学基础工业训练中心（iCenter）在工程实践与创新教育，尤其是中小学工程教育一体化培养方面的探索与实践，书中案例是来自清华大学附属中学、中国人民大学附属中学、中国人民大学附属中学实验小学及广东实验中学越秀学校等学校一线优秀教师的实际教学案例，书中关于工程思维教育的相关理论体现了清华大学终身学习实验室在终身学习教育理论与实践方面的研究与探索。

本书内容安排如下：

● 认知维度（理念篇）——工程思维的价值认知。本篇致力于帮助读者提升工程思维的认知水平，认识工程学科的学科本质和教育价值，掌握工程思维的思维方式和思想方法。主要包括"第一章 认识工程思维""第二章 了解工程和工程师""第三章 工程教育与工程思维培养"。

● 能力维度（策略篇）——工程思维教育方法论。本篇致力于帮助一线教师了解和掌握工程思维培养的基本教学策略，基于核心素养的工程思维培养目标、流程、策略和工具，以及工程思维培养的教学条件保障。具体体现在"第四章 基于核心素养的工程思维培养实施"。

● 实践维度（实践篇）——工程思维教育实施参考。本篇致力于为中小学校及一线 STEM 教师提供：基于核心素养的工程思维培养教学案例，以及国内部分学校在系统组织和开展工程思维培养方面的探索与实践，为学校系统设计、组织和开展工程思维培养，及一线 STEM 教师进行工程思维培养教学设计及实施提供可借鉴的范例。主要包括"第五章 工程思维培养教学案例""第六章 学校工程思维培养探索与实践"。

全书第一章由李双寿、王志成、李作林编写，第二章由李双寿、王志成、谭健颖编写，第三章由王志成、查思雨、申大山编写，第四章由查思雨、申大山、李作林、赵宇编写，第五章由申大山、赵宇、李作林、邱楠、谭健颖编写，

第六章由李双寿、王志成、李作林、赵宇、邱楠、谭健颖编写，李双寿教授统筹全稿。

感谢南京师范大学顾建军教授、清华大学教育研究院乔伟峰老师对书稿修改提出的中肯意见和建议，感谢教育科学出版社殷欢老师对书稿成文给予的帮助，感谢中国教育科学研究院比较教育研究所王素老师、北京市海淀区教师进修学校李佳老师给予的帮助和支持。

同时，感谢赵晓梅老师在书稿文字通稿、冯博老师在相关图表绘制、高敬涛老师在文稿修改方面所做的工作。

由于时间仓促，编者能力和水平所限，书中缺点和错误在所难免，恳请广大读者不吝指正。

目 录

理 念 篇

策 略 篇

实 践 篇

理念篇

理念是关于事物的高阶和上位认知，是实践的先导。"思想有多远，人就能走多远。"如果思想有足够的弹性与深度，人们处理起问题就会游刃有余。

本篇致力于帮助读者提升对工程思维的认知水平，认识工程学科的学科本质和教育价值，掌握工程思维的方式方法。

第一章　认识工程思维

认识工程思维

STEM 教育与工程思维

开展工程思维教育的意义

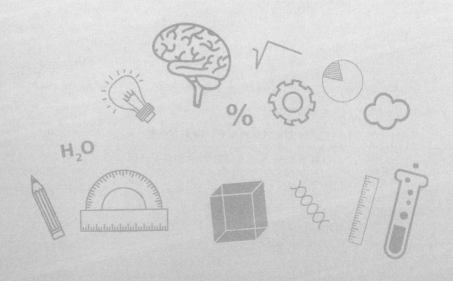

思维与存在相对应，是具有意识的人脑对客观世界间接、概括的反映。人类通过思维，探索与发现事物的本质联系和规律。思维是认识过程的高级阶段。

一块土地，农民看到了会思考"种植什么庄稼"，建筑工人看到了会想"如何建造一栋大楼"……。看待同样的事物，不同的人有不同的思考和认识。每个人的思考和认识都与其职业、阅历、学识等紧密相关，对待事物的不同思考就是思维方式的不同。思维方式是思考和认识问题的方式，不同类型的实践活动对应不同的思维方式。

本章学习目标：

1. 了解工程思维的概念、特点与发展。

2. 理解工程思维与STEM教育的关系，及其在STEM教育中的地位和作用。

3. 理解开展工程思维教育的意义和价值。

一、认识工程思维

（一）工程思维的概念

人们在思维过程中综合各种思维要素，并按照一定的方法和程序表现出来的具有相对稳定性的模式化、定型化的思维样式就是思维方式。工程思维是人们在工程实践过程中形成的一种独特的思维方式。

1. 工程思维的定义

➤ 美国国家工程院（National Academy of Engineering，NAE）在《K—12教育中的工程：理解现状和提升未来》报告中对工程思维的定义是：工程思维是工程的"思维习惯"，具体包括系统思维、创造力、乐观主义、合作、沟通交流、伦理考虑。（赵中建，2017）

➤《普通高中通用技术课程标准（2017年版2020年修订）》对工程思维的定义为：以系统分析和比较权衡为核心的一种筹划性思维。

➤《K—12教育中的工程：理解现状和提升未来》报告将工程中的思维习惯表述为5个方面，见表1-1（赵中建，2017）。

表1-1　工程中的思维习惯

系统的思维习惯	以系统的角度而非孤立个体的角度思考复杂的工程问题。
创造的思维习惯	创造并不是凭空产生的，而是在反复的设计优化中产生的。
技术的理解与批判的思维习惯	对于技术的优劣判断和批判，应该基于具体的任务情境来考量。

合作与交流的思维习惯	复杂情境中的任务不应由个人来完成，而应该寻求不同领域中的专家的帮助，通过合作来解决问题。
关注伦理问题的思维习惯	工程中的决策和价值判断，除了考虑经济因素、实用因素、参与者人为因素以外，还应考虑伦理问题。

上述关于工程思维或思维习惯的定义，是基于不同侧面或不同维度，对工程思维的认识和理解。在工作和生活中，我们会面对各种各样的问题，很多时候，真正需要的并非知识、概念和技术，而是思考的结构性，一种全局而系统的问题解决思维方式，工程思维就是这样的一种思维方式。

2. 工程思维的本质特征

工程思维是人们在完成工程项目过程中形成的思维方式，其主要特点是现实性、创造性及复杂性。现实性体现在工程思维旨在满足价值主体的需求，通过整个工程实践过程，设计出满足需求的产品；工程思维的首要本质便是其创造性，工程活动的本质特征就是创造出一个世界上本不存在的人工实体；工程是由各种因素组成的系统，该系统存在许多不确定因素及限制性因素，所以，工程思维具备复杂性。（侯甜 等，2019）

美国国家研究委员会（National Research Council，NRC）提出，美国中小学工程教育标准应遵循三大原则：强调工程设计、发展STM（科学、技术、数学）知识与技能、培养工程思维习惯，工程思维的培养是工程教育在K—12阶段实践的重要方向，也是连接工程设计与科学、技术、数学等知识和技能的桥梁。

工程思维作为一种高阶思维方式，是一种结构性、全局性、系统性的思维方式，它与工程活动紧密相关。工程思维方式与工程行为方式密切相关，在一定意义上，工程思维方式就是工程行为方式的内在规定性，它是用工程的眼光看待世界、理解世界和对待世界，并通过应用科学定律、技术工具、材料等，来系统地分析和解决现实问题。

3. 工程思维的文化内涵

运用工程思维解决问题的过程，其实就是问题对象（物理世界）、解决办法（处理方式，缜密而系统化思维的产物）、问题解决者（工程中人的因素）系统诸要素相互作用的过程，其运行过程根植于人们对客观世界的认识中，也就是文化底蕴。从本质上讲，一项好的工程设计，就是处理好了设计对象与所处环境的对立统一关系。

我国传统的哲学智慧中蕴含着工程思维的特征。自古以来，历代工程造物者都特别讲究"天人合一"的造物之法。如两千多年前的著名水利工程都江堰，即运用了因势利导的哲学思想，取材于自然、用之于人类；再如大禹治水采用防堵与疏通的辩证思维，也是将工程思维融会贯通的经典案例。

"运筹于帷幄之中，决胜于千里之外"也体现了工程思维中对各种因素的综合考量。不仅关注事情的客观因素，还考虑随时可能变化的主观因素，确保事情得到圆满解决。

近些年我国学者提出 WSR 系统方法论，即"物理（Wuli）—事理（Shili）—人理（Renli）方法论"（顾基发 等，1998），表现为"懂物理、明事理、通人理"的实践准则。它既是一种方法论，又是一种解决复杂问题的工具。在观察和分析问题时，尤其是观察分析带复杂特性的系统时，WSR 兼具自身独特性和中国传统哲学思辨，是多种方法的综合统一；根据具体情况，WSR 将方法组群条理化、层次化，起到化繁为简之功效；WSR 属于综合定性与定量分析的东方系统思想。

4. 工程思维要素

工程思维要素是工程思维活动所包含的内容，可以按照工程活动过程结构、工程思维的特征与品质进行划分，如表 1-2 所示。

表 1-2　工程思维要素

根据工程活动过程结构进行要素划分	决策思维、设计思维、实时操作思维和评价思维。（王振州，2009）

根据工程思维的特征与品质进行要素划分	筹划性思维、规则性思维、科学性与艺术性兼容思维、综合集成性思维、构建性思维、权衡性思维、差异化思维、价值性思维和过程性思维。（李永胜，2015）
	系统思维、运筹思维、整合思维、双赢思维、形象思维和美感思维。（赵美岚，2006）

（二）工程思维的特点

工程思维是工程师作为工程活动主体，在解决实际工程问题时所采取的思维方式。工程思维广泛存在于各类工程活动中，与科学思维和技术思维既相互联系，又相互渗透。三者在思维性质、思维成果、思维主体、思维目标、思维路径、思维逻辑、思维维度、思维方法、思维目的、思维取向等方面，既有联系又有区别，如表1-3所示。

表1-3 工程思维与科学思维、技术思维的关系

	科学思维	技术思维	工程思维
思维性质	以真理为导向的认知性思维。以求真为目的，以发现为核心的人类活动。	以实用为导向的工具性、手段性的实践性思维。以求实为目的，以发明为核心的人类活动。	以价值为导向的建构性的造物思维。追求的是创新，以建造为核心的人类活动。
思维成果	科学概念、科学原理与科学定律，表现为可物化的知识产品。是普遍的、公有的、不私立的知识体系。可通过学习、交流、传播实现全人类共享。	技术原理、技术要素与技术结构。表现为物化手段或某种工具等。在一定时间和范围内具有知识产权。依附某人进行非物质化的认识和记忆，可以通过学习、传播、交流在一定程度上实现人类共享。	理念、要素、设计与结构。一般来说，最终落实为最直接、现实的物质产品。对特定的主体（如工程师）以及时间、空间、经济、历史环境等方面具有高度的依赖性。可学习、交流、传播，但是无法做到全人类完全共享。

	科学思维	技术思维	工程思维
思维主体	主体是科学家，属于科学共同体。科学思维是排"我"的，强调主观与客观相符合。	主体是发明家，属于技术共同体。技术思维是有"我"的，强调客观手段和方法迎合主观的需要。	主体是工程师，属于工程共同体（包括决策者、投资者、管理者、设计者和建造者等多元角色）。工程思维是为"我"的，从主体的目的性出发，强调规律性和目的性的统一。
思维目标	思维目标具有相对的不确定性。在人们好奇心、求知欲等精神动力驱使下的自由探索与发现活动。	思维目标具有相对的确定性。在人们求新、求巧、求精的工具理性驱动下产生发明创造活动。	思维目标是明确的。在满足人们生存和发展的需要的驱动下，实现现实的建构人工世界的方法和手段。
思维路径	不受任何限制与约束。是不断假设、实验、验证、再假设，逐步接近真理的知识探索过程。	必须遵循一定的技术规则和要求。首先是需求分析，然后进行技术反思，探寻技术原理，进行技术建构，最后形成技术系统。	遵循一定的规范与要求，但是约束性更强，不允许失败。在目标引导下辨析工程问题，然后进行综合性思维，论证可行性，之后进行筹划、设计、建构，最后形成一个人工系统。
思维逻辑	本质思维的理论逻辑，追求理论的高度统一、严密与自洽。主要解决怎么看和怎么样的问题。	工具主义的实践逻辑，寻求最有效率的方法与手段，关注可行性。主要解决怎么做的问题。	现实性的行动逻辑，包含理论逻辑、实践逻辑以及非逻辑（直觉、体验、想象、顿悟、情感、益智、训练等多重结构互相叠加）的思维方法。主要解决如何做的问题。
思维维度	单一向度的求真维度。面向事实、以真理作为准绳的评价标准。	单一向度的功利维度。面向操作化、以实用为核心的评价标准。	多元向度的价值维度。追求真、善、美等多元多维价值统一的综合评价体系。

	科学思维	技术思维	工程思维
思维方法	主要采用分析抽象的方法，从个别抽象、局部抽象到整体抽象。	采用形象和抽象相结合的方法，把知识原理转化为工具操作方法。	采用分析和综合的方法。把理念思想转化为特定人工系统的创造性的实践过程。
思维目的	追求真理，探寻规律，积累并拓展人类的知识体系，创造知识财富。	完善人类改变世界的手段的具体操作系统，改善工具体系，提高人类改造世界的能力和水平。	追求卓越，方法最优化、效率最大化，创造价值改善生活，筹划并且建构理想的未来生活。
思维取向	在无明确目的的驱动下，进行的自由探索与发现活动，是典型的理论思维活动。科学思维培养人的客观性、求真性、严谨性。	在工具理性驱动下的操作实践活动。技术思维培养人的创新性、有效性、精巧性、灵活性。	在人的目的性预期引导下的支配和改变世界的自觉的建构活动，创造现实、改变世界。工程思维培养人的建构性、筹划性、创造性和艺术性等思维。

（三）工程思维的发展

工程的发展与人类文明进步同步，但是工程思维概念却经历了漫长的历史演进。在人类思想史上，中国和西方很早就认识到艺术思维和科学思维都是具有自身特定属性的独立思维方式。例如，刘勰的《文心雕龙》、亚里士多德的《诗学》，都对艺术思维做出了精辟的分析。对于科学思维方式，特别是演绎思维和归纳思维，也有许多学者做了专门研究。唯独工程思维，成为一种显性的理论经历了漫长的过程。

总的来看，人们认识工程思维大致经历了三个阶段。

第一阶段：漫长的"潜藏"时期。

人类在进行工程活动时必然同时进行着工程思维。在古代和近代，虽然在

"工程思维本身的表现"上有光辉灿烂的成就，也有人对工程思维问题发表过碎片性的理论观点（如李渔的《闲情偶寄》，特别重视器物的外观与功能的协调；春秋战国时期的《考工记》，记述了齐国关于手工业各个工种的设计规范和制造工艺，书中保留有先秦时期大量的手工业生产技术、工艺美术资料，记载了一系列的生产管理和营建制度等，充分体现了古代"天人合一"的思想），但人们一直未能对工程思维有自觉、系统的认识，或者说人们"不愿意承认"工程思维也是一种独立的思维方式。这就形成了长期对工程思维"百姓日用而不知"的状况。这正像人类的心理活动已有百万年的历史，而"心理学"作为对心理活动的"自觉认识和研究"却只有一百多年的学科历史。

第二阶段：工程思维的自觉认识时期。

在工程思维复杂多样的具体表现和内容中，设计思维（design thinking）是最重要、最关键、最有特色的内容之一。对设计思维的认识，不但在理论逻辑上，而且在工程思维认识史上，都成为人类自觉认识工程思维的突破口。

第一，"艺术与手工艺运动"促进了设计思维的产生和发展。

第一次工业革命以机器生产取代了手工业生产。此后，原先那种手工业方式的"生产者和设计者合二为一"的状态发生改变。如果把"设计"看作主要由"技术设计"和"艺术设计"两个要素组成的整体，那么，"整体性的设计实践"便在第一次工业革命时期出现了"技术设计实践"远远领先于"艺术设计实践"的局面。在这种矛盾中，英国著名文艺理论家约翰·拉斯金和英国设计师威廉·莫里斯倡导了"艺术与手工艺运动"。"这场运动试图改变文艺复兴以来艺术家与手工艺人相脱离的状态，弃除工业革命所导致的设计与制作相分离的状态，强调艺术与手工业的结合。"可是，拉斯金和莫里斯又都反对机器生产。

第二，德意志制造联盟和包豪斯成为对设计思维自觉认识的正式开端。

德意志制造联盟于1907年成立，由艺术家、建筑师、企业家、政治家组成，其成立意在"通过艺术、工业与手工艺的合作，用教育、宣传及对有关问题采取合作行动的方式，来提高工业劳动的地位"。1919年，世界上第一所真正为发展现代设计教育而建立的学校包豪斯创立，后被人们誉为"现代设计的摇篮"。德意志制造联盟和包豪斯扭转了"艺术与手工艺运动"反对机器生产的偏向。此后，工业设计不但在实践方面百花齐放，而且在自觉意识和理论研究方面也不断发展深化。

第三，西蒙提出"设计科学"的重大意义及其姗姗来迟的影响力（李伯聪，2018）。

1969 年，赫伯特·西蒙①出版了《人工科学》一书。该书的出版不但标志着技术设计领域的根本性自觉，而且标志着设计思维理论自觉认识的重大进展。

在《人工科学》这本书中西蒙明确指出："工程、医药、商业、建筑、绘画这些职业关心的不是必然性而是权变性——不关心事物是怎样的，而关心事物可以成为怎样，简而言之，关心的是设计。"西蒙把设计思维概括为定义、研究、构思、模型、原型、实施和学习等七步，还分析和阐述了思维方式与学校教育类型之间的关系。"传统意义上讲，关于自然事物的知识教授是科学学科的任务：自然事物的存在状态怎样，它们是如何发生作用的。关于人工物的知识教授是工程学院的任务，即如何设计、制造满足人们需求的人工物。"

第三阶段：21 世纪以来，工程思维的反思与发展。

虽然设计思维无疑是工程思维最重要的内容之一，对设计思维的研究也属于对工程思维问题的研究，但设计思维只是工程思维的内容和具体表现之一，不能狭隘地把设计思维当作工程思维的全部内容。

21 世纪初，学界对工程思维的自觉认识和理论研究突破了只限于研究设计思维的藩篱而进入新的阶段。由于在工程教育的历史进程中缺乏工程思维教育意识一直是一个严重的缺陷，在 20 世纪末开始的工程教育改革中，工程思维教育受到了空前的重视。在这方面，麻省理工学院等四所工科院校于 2004

---

① 1978 年获诺贝尔经济学奖，20 世纪科学界的一位奇特的通才，研究工作涉及经济学、计算机科学、认知科学、人工智能等广泛领域。

年创立的 CDIO 模式① 成就斐然。CDIO 模式把工程活动的完整周期划分为"构思—设计—实施—运行"四个阶段，要求以贯彻和落实这个全生命周期过程为工程教育改革的核心内容。

21 世纪初，在提出 CDIO 模式的同时，工程哲学在中国和欧美的高等教育领域兴起，提出了"科学、技术、工程三元论"。为进一步辨析与把握工程的本质和特殊内涵，工程思维这一术语应运而生，人类对工程思维的自觉认识又进入一个新的阶段：全面探索和深化认识工程思维的新阶段。

二、STEM 教育与工程思维

STEM 教育起源于美国，经历了从最初集中关注于高等教育，到逐步下移至中小学教育，乃至幼儿园活动，从国家竞争力人才培养，扩展至学习方式的变革。（赵中建，2015）

（一）STEM 教育中的工程思维

STEM 教育包含了 S（科学）、T（技术）、E（工程）、M（数学）四个学科，但绝不是四个学科的简单叠加，而是以真实问题解决和建造产品为驱动开展的跨学科、开放式的学习，是学科交叉融合的教育。

STEM 教育的关注点不是某个特定学科或其学科边界上，而是将重心放

---

① 指构思（conceive）、设计（design）、实施（implement）和运行（operate），本书后文有详细介绍。

在具体而特定的问题上。学生在群体协作学习、解决现实问题并制作产品的过程中，对问题有新的、更广泛的视角和认识，对问题本身、结构组成及影响要素等实现更深刻的理解。（贺甜甜，2022）

在 STEM 学习中，学生通过真实的工程挑战活动认识工程项目，将学到的知识和技能应用于具体的工程活动中，并不断优化，进而形成基本的系统分析、筹划权衡、综合决策的高阶思维。工程问题在 STEM 教育中是黏合剂，为跨学科融合提供了真实的问题情境。

（二）E 与 STEM 其他学科间的关系

在 K—12 阶段，工程（E）在 STEM 教育研究与实践中处于弱势地位，只是近些年才逐渐被关注和重视。工程问题（E）的解决既需要设计、创造产品的知识，又要掌握约束条件下的问题解决程序，约束条件即科学原理，以及时间、财力、可用材料、功效、环境条件等。工程（E）的实现，需要利用科学（S）、数学（M）的概念和知识，以及技术（T）的工具。在 STEM 教育中，科学（S）、技术（T）与数学（M）都是中小学开设的传统学科，而工程（E）是新加入的元素，也是 STEM 教育区别于传统学科教学的主要标志。（孙妍妍 等，2021）

在 STEM 教育中，工程（E）与科学（S）、技术（T）和数学（M）学科存在着天然的联系，如图 1-1 所示（殷欢，2019）。工程（E）创设真实的问题情境和学习环境，在其中，科学（S）提供解释和认识世界的概念、原理知识和探究方法，有助于工程（E）问题的确定和做出工程设计决策；数学（M）为工程学习提供工具基础，如数据收集方法、数据分析和处理工具、问题解决模型等；技术（T）与工程（E）的关系更加紧密，呈现半分离的状态，工程（E）是技术（T）的选择和集成，技术为工程设计提供实现手段，也可以是工程内容本身。同时，在工程学习环境中，科学、数学、技术的学习有了更丰富的意义和价值。

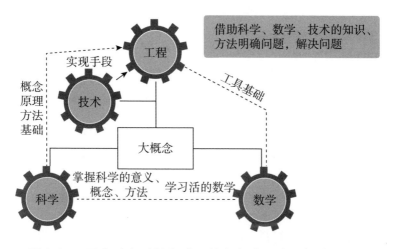

图1-1 工程（E）与科学（S）、技术（T）、数学（M）的关系

工程（E）是 STEM 课程区别于传统数学、科学、技术等学科课程的关键元素和典型特征。在 STEM 教育中，工程（E）既区别于传统的工程教育，也不局限于工程思维的教学。它不涉及工程知识的系统讲授，即没有将"工程"视为一个与科学、技术和数学并列的单独学科；培养学生的工程思维也非 STEM 课程中学生思维培养的唯一目标，而是以"工程"为中心，为工程思维与其他高阶思维的培养提供框架、创造环境。总结来说，"工程"作为 STEM 课程中的核心元素，起到了驱动力的作用。在工程（E）问题的驱动下，STEM 课程不是几个学科知识的简单组合和机械叠加，而是将相关知识概念进行串联；工程问题成为跨学科知识综合应用及工程思维、其他高阶思维培养的载体。（孙妍妍 等，2021）

工程（E）作为 STEM 课程的核心元素，为学科知识融合提供了纽带，也为问题解决过程提供了应用支撑。缺乏工程（E）的 STEM 课程，往往难以做到跨学科知识的融合，也缺乏针对真实问题的思考和解决过程；而没有科学（S）、数学（M）的 STEM 课程，就缺少了探究味道和形而上的理论内核，STEM 课程也就只能称为简单的手工实践课。

（三）基于工程设计的 STEM 教育

工程是 STEM 教育中的核心科目，因为工程问题是来源于现实世界的真实问题。但是，当前我国中小学 STEM 教育的很多课程，更多强调学生数学思维、科学方法的培养和技术的应用，而对学生工程设计的方法和思维的培养缺乏足够的重视。做好 STEM 教育，发挥 STEM 教育的整体育人功能，有必要在 STEM 课程中融入工程设计的思维和方法，将工程设计的流程融入 STEM 学习过程中，引导学生像工程师一样去分析问题、解决问题。

美国的 STEM 教育，要求学生使用工程设计流程（engineering design process，EDP）来定义问题的解决方案。工程设计流程基本环节包括：定义问题、识别关键要素并确立标准、发散思维及头脑风暴、选择优势方案、制作设计原型、测试方案、改进设计方案、总结和交流，最终的方案通常需要多轮迭代优化才能完成。

三、开展工程思维教育的意义

（一）我国工程思维教育现状

当前我国工程思维教育还存在许多问题，最明显的不足就是基础工程思维教育和高等工程思维教育衔接不良。工程思维教育在中小学阶段的学科课程体系中处于边缘位置，中小学生对工程有关概念和工程师职业认知不足，学生在谈及理想时，想当工程师的人数比例相对靠后。当下，工程教育薄弱，工程思维培养不足，学生的认知框架和能力体系没有得到有效的建构和良好的发展，突出表现在：

- 过度关注考试，应用知识思考和解决问题的能力偏弱；
- 看问题较片面、短视，不能透彻、深入和长远地思考问题；
- 在错综复杂的事物面前，茫然不知所措；
- 学习的知识很多，但思维能力不足（系统性、结构性、逻辑性不够）。

以上现象产生的根本原因，在于学生只进行了浅层学习，只是知识的搬运工，没有发生知识的内化和迁移，思维能力和问题解决能力没有得到提升。工程思维的积极培养有助于学生上述表现的改善。

（二）工程思维教育的意义

综观我们的人生，就是一个不断发现问题并解决问题的过程。工作也好，生活也罢，莫不如此。不管学生未来是否从事工程师这个职业，解决问题的能力都是非常重要的。工程思维作为一种高阶思维，是综合运用各种知识解决问题的能力，是个体科学素养的重要组成。工程思维是解决工程问题的方法论，也包含解决一般问题的方法论，通过工程思维教育可以有效培养学生的工程思维能力，帮助学生构建高阶思维体系。

工程思维教育，通俗来讲，就是一个人能力体系框架的建构过程，是个人内在认知框架和逻辑体系自我发展与逐渐完善的过程，涵盖了学习、认知、分析、决策及复盘等多个维度和内容（如图1-2所示）。工程教育以一种模拟做事和解决问题的教育模式，通过给定学生问题、帮助学生分析问题，引导学生一步步地解决问题。实践证明，该教育模式能够有效地帮助学生构建思维框架和能力体系。

做好中小学阶段的工程教育，有利于中小学生在实践中激发兴趣，在跨学科学习中提高学习成效，提高对工程设计的理解及对工程师的职业认同感等，也有利于基础教育阶段工程教育和高等工程教育的衔接，为国家输送有质量的工程人才。

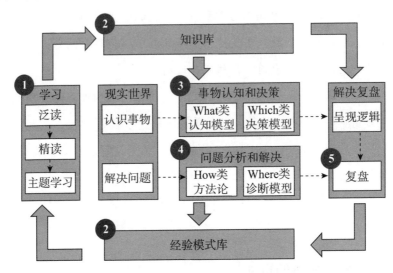

图 1-2 认知框架与逻辑体系发展和建构过程

（图片来源：https://zhuanlan.zhihu.com/p/405735666。）

从小培养学生的工程思维，有助于提高学生解决复杂问题的能力，是培养学生创新能力的重要举措。现在学校学习多注重知识学习，但学生实践和解决实际问题的能力相对不足，通过实践践行和检验所学理论、培养工程思维便是提升个人综合素质的重要举措。

（三）工程思维教育的实施途径

培养学生对工程学习的兴趣及工程思维确非朝夕之功。美国 20 多年的基础工程教育实践表明，实施 K—12 阶段工程教育项目，在提高学生其他学科学习成效、促进学生对工程设计的理解、提升学生对工程师工作的认同感和职业向往等方面均有显著作用。

在我国中小学教育阶段，在科学、初中信息科技、高中通用技术、中小学劳动教育课程，以及跨学科主题学习中，都可以结合学生身边或生活中的现实问题，设计和开发出 STEM 课程，并以此为课程载体，开展适合不同学段的工程教育，培养学生的工程思维。

中国基础教育阶段的工程教育起步较晚，可以借鉴国际的先进经验和做法。此外，国内很多中小学也在工程思维教育方面开展了积极的探索与实践，形成了有意义的教学案例和成果，为国内其他学校更好地开展工程思维教育提供了支持和参考。

本章回顾与反思

1. 请用自己的语言表述你对"工程思维"的理解。
2. 如何理解工程（E）与 STEM 中其他学科的关系？
3. 谈谈你对工程思维教育实施途径的认识。

第二章　了解工程和工程师

认识工程

认识工程师

典型工程案例

不管做何种事情，都要对事情有全面、系统的认知，以避免出现因为认知不足而导致"蜻蜓点水，浅尝辄止"（认知深度不够）、"只见树木，不见森林"（缺乏系统视角），以及"盲人摸象"（认知片面）等现象。

本章学习目标：

1.认识工程的概念、演化、地位和作用。

2.理解工程师及其工作过程、工程师的思维，以及工程师执业标准。

3.体会典型工程中的工程思维。

一、认识工程

（一）什么是工程

1. 工程的概念

要对工程进行明确定义，并非易事。以下"工程"的不同定义，是基于不同维度与视角对工程的认知和理解，帮助读者更加全面和深入地认识"工程"。

● 英国工程师托马斯·特雷德戈尔德认为，工程是一种引导自然资源的伟大力量为人类所用的艺术。（李正 等，2007）

● 《简明不列颠百科全书（1985 年中文版）》认为，工程是应用科学知识和自然资源最佳地为人类服务的一种专门艺术。（李正 等，2007）

● 英国机械工程师学会理事长安德鲁·艾夫斯在 2006 国际机械工程教育大会上指出，工程是为了一种明确的目的，对具有技术内容的事物进行构思、设计、制作、建立、运作、维持、循环或引退的过程及过程所需的知识。（李正 等，2007）

● 美国工程教育协会（American Society for Engineering Education，ASEE）将工程定义为，一种运用科学和数学原理、经验、判断和常识来造福人类的艺术，一种通过生产技术产品或系统以满足具体需要的过程。（李正 等，2007）

● 美国麻省理工学院给工程下的定义是："工程是关于科学知识的开发应用，以及关于技术的开发应用，以便在物质、经济、人力、政治、法律和文化限制内满足社会需要的有创造力的专业。"（王荣德 等，2019）

● 工程是人类为了生存和发展，实现特定的目的，运用科学和技术，有组

织地利用资源，所进行的"造物"或改变事物性状的集成性活动。（何继善 等，
2013）

综合以上定义可以看出，工程具有两个层次的含义：第一，工程是人工世界的表现形态，是人类文明的重要组成部分，既有作为人类财富的物质性，又有作为人类文化的精神性。第二，工程是一种实践活动，它并非自然生长的，而是人工建构出来的。工程既是一种完成状态，也是一个完整的建构过程。

工程是一种特殊的人类活动形式。工程的本质就是创新，是现实的、直接的生产力，为人类的社会存在和文明发展提供了物质基础。

2. 工程的哲学认知

工程教育思想既来源于工程教育实践，也来源于人们的工程观，即对工程本质的哲学思考，新兴的工程哲学为我们重新反思工程的本质及工程教育思想提供了一个新的视角。（邓波 等，2014）工程哲学是研究工程活动的本质特征、基本立场、根本观点、普遍规律及方法论的思想学问。（徐长福，2003）2004年，时任中国工程院院长徐匡迪院士提出："工程哲学很重要，工程里充满了辩证法，值得我们去思考和挖掘。我们应该把对工程的认识提高到哲学的高度，要提高工程师的哲学思维水平。"（段新明，2007）

工程的哲学思考和认知，有助于加深我们对工程、工程思维及其教育的本质、方法和规律的认识，明确教育目标和实施路径，反思工程教育中存在的问题和不足，提升工程教育质量和水平。工程的哲学思考，首先关乎工程的本质问题。

（1）工程的本质

工程的本质是集成与构建，是综合利用各种资源与相关要素，构建一个新的存在物的集成过程、集成方式和集成模式的统一（殷瑞钰 等，2011）。

它主要包含以下几个方面的内容：

● 工程是各种要素的集成，这是其与科学、技术相区别的本质特点；

● 工程的集成要素既包含技术要素，又包含非技术要素，两者之间相互作用、相互关联、相互制约、相互促进，其中技术要素是其基本内涵；

● 工程的进步，既取决于其基本内涵所表达的科学、技术要素本身的状况，也取决于非技术要素所表达的特定历史时期的社会、经济、文化、政治等因素的状况。

中国工程院殷瑞钰院士、中国科学院李伯聪教授等在工程哲学领域开展了很多研究，取得了丰富的成果，形成了以工程本体论、工程三元论等为主要内容的工程哲学理论体系。

（2）工程本体论

社会、经济的发展不能脱离物质性的工程活动。工程活动的系统构成包含技术要素和非技术要素，如图2-1所示。工程立足自然，运用各类知识，实现市场价值（经济效益）与社会效益（可持续发展目标）。工程是直接生产力，是各类相关技术的动态集成系统，科学发现、技术创新一般都要通过工程才能转化为直接生产力，进而通过市场、社会体现其价值（包括增值、就业、利润、社会服务、文明进步、环境友好等）。

工程本体论认为，工程有其自身存在的根据，有自身的结构、运动和发展规律，有自身的目标指向和价值追求。从本体论出发看工程，就是要确认工程的根本位置和主体位置。在认识和处理工程与科学、技术的相互关系时，以工程为主体。

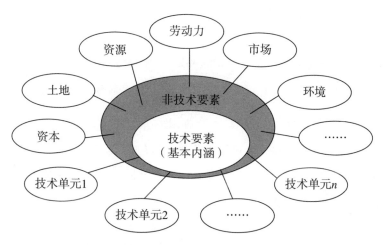

图2-1　工程活动的要素及其系统构成（殷瑞钰，2009）

（3）工程三元论

三元论认为，科学、技术、工程是三种不同类型的社会活动，紧密联系却又相互区别，如图 2-2 所示，三者互相关联，交叉融合形成新的知识形态，如图 2-3 所示。三者之间相互联系，又相互区别，主要体现在以下方面。

● 内容和性质不同：科学以发现为核心，技术以发明为核心，工程以建造为核心。

● "成果"性质和"表现"形式不同：科学成果的主要形式是科学理论，是全人类的共同财富，是"共有的知识"；技术成果的主要形式是发明、专利等，在一段时间内是"私有的知识"；工程成果的主要形式是物质产品、物质设施，是直接的物质财富本身。

● 活动主角不同：科学活动的主角是科学家，技术活动的主角是发明家，工程活动的主角是工程师、管理者、投资者和工人等。（李伯聪，2008）

图 2-2　三元论的基本观点（科学、技术、
工程三者紧密联系，又相互区别）

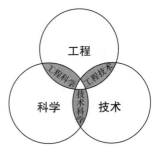

图 2-3　三者互相关联，交叉
融合形成新的知识形态

（4）不同视角（科学、技术、产业和经济）下对工程的认知

看待工程的视角不同，会对工程产生不同的理解和认知。

● 从科学的视角看工程：科学是真理取向的，工程（包括技术）是功效、价值取向的，如图 2-4 所示。

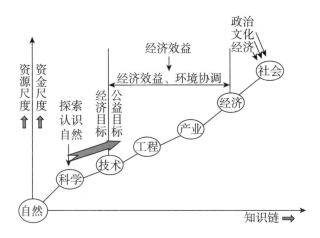

图2-4　从科学的视角看工程^①

●从技术的视角看工程：工程是技术的集成体，技术知识、技术方法、技术手段、技术设备是工程活动重要的前提和基础，如图2-5所示。

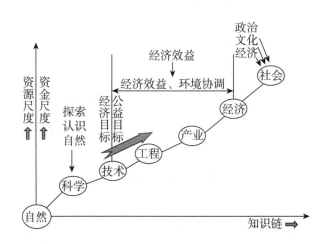

图2-5　从技术的视角看工程

●从产业的视角看工程：工程是产业的组成单元，相关的、相同类型的工

①　注：图2-4至图2-7均来自殷瑞钰院士在2019年清华创客日的讲座"从工程实践者到工程哲学人"。

程主体工厂、企业等是产业的"细胞"，如图2-6所示。

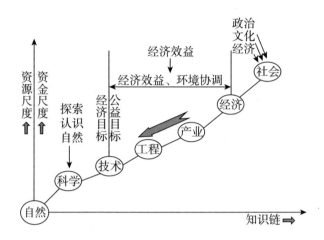

图2-6 从产业的视角看工程

●从经济的视角看工程：投资是工程活动的基本要素，物质性的工程活动（包括物质性构建活动，物质性的生产、制造、传输活动等）是经济运行的具体承载实体，是实体经济的主要内容和形式，如图2-7所示。

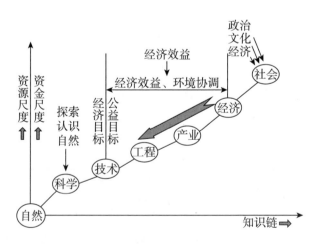

图2-7 从经济的视角看工程

3. 工程的地位与作用

工程如此重要，那它与我们的工作和生活有什么关系呢?

（1）工程与生活

工程的产生源自人类的需求。在我们的日常工作和生活中，时时可以看到工程的影子，处处离不开工程文明成果带来的便利，小到计算机芯片，大到三峡大坝，近到衣食住行，远至航天飞机、宇宙飞船，每一项工程文明的成果，都为我们的生活带来了方便，助推了人类社会的发展。

（2）工程与产业

现代产业建立在各类专业技术和工程系统基础之上。汉语中"产业"一词的含义比"行业"一词宽泛（英语中产业和行业为同一个词"industry"，有时也指工业），有时指特定的行业，如钢铁行业或钢铁产业，有时又指若干行业的总称，如第二产业，是同类工程、相关工程及其市场领域的集合。

● **工程是产业发展的基础**

工程活动是现代社会生产实践和生活过程的主要形式，是国民经济发展和社会文明发展的基本内容。工程活动是产业发展的基础，支撑着产业生存、发展，深刻影响着人类生活的各个方面，塑造了现代文明的基本特征。

● **产业生产、运行是标准化、可重复运行的工程活动**

工程活动的核心是模式建造，是前所未有、超越存在并创造存在，其本质特征是创造性、集成建构性。产业生产、运行活动以获取经济效益或提供公益服务为最终目的，为社会大众提供所认可的生活用品或生产资料。

（3）工程系统与工程活动模型

工程系统是技术系统与非技术系统的集成，是在特定自然和社会条件下，相关技术群和诸多经济基本要素组合集成在一起的系统。技术集成系统体现着相关但又功能不同的异质技术群（不同的技术模块）动态、有序的集成过程，所形成的特定结构及其动态运行的方式。并且，这一特定的技术集成系统必须与特定的自然、社会条件下诸多经济基本要素相互协同、相互作用（如资源、土地、资本、劳动力、市场、环境等），并通过构思、设计、构建和运行，形成有效、有序的工程系统，产生特定的预期功能和价值，进而对自然、经济、社会产生影响，如图2-8所示。

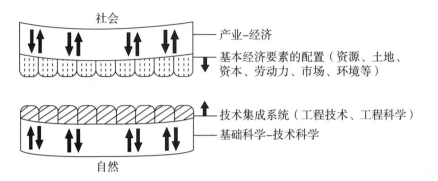

图 2-8　工程活动的一般模型（殷瑞钰 等，2011）

工程是有创意地应用科学原理和技术手段，系统化地解决现实问题的过程。工程为人类的生存和发展奠定了坚实的物质基础，为人类文明的存续与繁荣创造了广阔的空间。工程与科学技术的结合，为文明的进步提供了不竭动力。一项伟大的工程，不仅会影响人类的生产和生活，甚至会影响人类社会的历史进程。在现代社会中，工程是直接生产力。

（二）"工程"的演化

1. "工程"的起源

在西方，工程（engineering）一词起源于军事领域，"工程师"（engineer）早期指军事活动设施的设计者和建造者。最早的工程师，指制造和操作军事机械的人（士兵），或者指挥军队或炮兵中的军官，也指设计进攻或防御工事的人（工兵）。所以，早期的工程师都是军人，"工程"一词专指"军事工程"。在汉语中，《说文解字段注》将工程解释为："工，巧饰也。"又说："凡善其事者曰工。""程，品也。十发为一程，十程为一分。"品，表示等级、品评。可见，"程"是一种度量单位，引申为定额、进度。"工"和"程"合起来，表示对工作（带技巧性）进度的评判，或工作行进的标准。中国传统工程的内容，主要是土木构筑，如宫室、庙宇、运河、城墙、桥梁、房屋的修建等，强调施工过程，后来也指其结果。（吴启迪，2017）

我国"工程"一词最早出现在南北朝时期，这一时期，"工程"主要指土木相关的构筑、实施与结果。到了清代，"工程"一词开始得到普遍应用。在西方，英语"engineering"一词首次出现于 18 世纪。西方的工程概念出现时间要比中国晚，但西方很早就有"工程师"这一概念，指制造军械武器的人，即"ingeniators"，后来逐渐演变为现代"engineer"这一概念。

古代东西方关于"工程"的含义的界定，都有一个显著特点，即与"技术"基本是等同概念。

2. "工程"的历史演变

恩格斯说："世界不是一成不变的事物的集合体，而是过程的集合体。"在人类历史发展长河中，工程活动是不断演化、不断发展的，经历了漫长的历史和复杂的演化过程。

劳动是人类社会生存和发展的基础，主要是指生产物质资料的过程，是能够对外输出劳动量或劳动价值的人类活动。工程是与人类在 250 万年前同时诞生的，工程的发展与人类历史的发展一脉相承，大致可分为以下几个阶段。

（1）原始工程时期。自人类出现至距今约 1 万年前。该阶段工程的特点：体现了人类最原始的需求和创造性本能，这也是现代工程的持续性特征。

（2）古代工程时期。约 1 万年前—14 世纪，包括新石器时代、青铜器时代和铁器时代。该阶段工程的特点：渗透了纪念性、艺术性等象征意义和精神因素，承载了更多军事、政治、经济、宗教和文化等需求。

（3）近代工程时期。15—19 世纪末。以蒸汽机的发明为标志，陆续出现机械工程、采矿工程、纺织工程和结构工程等。该阶段工程的特点：科学和科学方法成为工程中备受关注的部分；工程师作为雇员出现；工程活动的负面影响逐渐被认识。

（4）现代工程时期。以电力革命为标志，人类进入"电气化时代"。20世纪初，以冶金工程为代表的"重工业"得到进一步发展。自20世纪中期以来，形成了以高科技为支撑的核工程、航天工程、生物工程、微电子工程、软件工程、新材料工程等现代工程。该阶段工程的特点：对科学的依赖日益增强；工程对自然和人类社会的影响日益重大和深远，在满足和刺激人类需求的能力上表现出无穷的力量；工程风险与工程价值开始受到重视。

3."工程"的演化特征

每个工程，所处时代不同，边界条件不同，对应的技术要素和非技术要素也不完全相同。不同工程之间不可能完全雷同，必然会发生演变和演化。在工程实践（包括工程设计、工程建造、工程运行、工程管理等）过程中，不断进行着不同层次、不同尺度、不同学科之间的知识交叉融合和综合集成，创新性是工程演化本身的内在要求，也是工程创新的动力和灵魂所在，如图2-9所示。

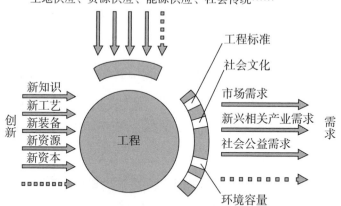

图2-9　工程演化系统动力模型（殷瑞钰 等，2011）

工程演化具有以下特征（蔡乾和，2011）。

➤ 在时间—空间上，具有社会历史性与地域性。在时间尺度上，工程演化必定是持续的、具有历史意义的，生产力的每一次质的飞跃都促成了社会历史的变革。另一方面，工程演化的每一阶段总是与特定社会历史条件下的社会分工、社会需要密切相关。在空间尺度上，工程演化具有地域性特征，不同国家（或地区）的工程演化与其发展程度和文明程度紧密相关，同一时期各种类型的工程也与当时的科技水平相适应。

➤ 在结构—功能上，具有集成性与整体性。集成性是工程的本质特征，工程演化体现着各种要素集成方式（如配置特征、规模、组织与管理等）的不断创新与演化。从功能方面看，由于工程活动过程并不是各种要素的简单叠加、组合，而是通过综合集成优化形成一个工程系统，因此工程演化是由作为系统整体的运行状况决定的，整体性能的发展和提升是工程演化的必要过程和必然结果。

4.“工程”的未来发展

社会需求和科技进步是工程演化与发展的强劲推动力。进入 21 世纪以来，全球科技创新空前活跃，以新技术、新业态、新产业、新模式为特点的新经济蓬勃发展，各学科之间、科学和技术之间、自然科学和人文社会科学之间呈现交叉融合的趋势，工程不再是单一学科知识的运用，而成为复杂综合的实践过程。

工程理念体现着工程的价值取向，工程的本质是工程集成系统动态运行的功能体现与价值体现的统一（殷瑞钰，2009）。在工程理念和工程观的演化过程中，以往那种“征服自然”的工程观弊端日益突出。虽然人类社会和文明取得了长足发展，但人类对自然资源的贪婪和索取使自然资源达到了难以为继的地步，全球变暖、极端天气频现等问题和现象日渐引起人们的重视和反思，联合国可持续发展目标（Sustainable Development Goals，SDGs）就是为解决上述问题而制定的未来全球可持续发展目标。

（1）联合国可持续发展目标（联合国教科文组织，2021）

2015 年，联合国大会第七十届会议通过了《2030 年可持续发展议程》，突出了 17 项可持续发展目标（SDGs），涉及从消除一切形式的贫困、人人享有健康、基础设施发展、包容和公平的优质教育、性别平等，到可持续利用海洋、可持续管理环境、建设可持续城市等问题。这是解决全球发展问题的一项共同行动计划，17 项目标都与工程有关，都需要工程来实现。

17 个目标分别为：（1）无贫穷；（2）零饥饿；（3）良好健康与福祉；（4）优质教育；（5）性别平等；（6）清洁饮水与卫生设施；（7）经济适用的清洁能源；（8）体面工作和经济增长；（9）产业、创新和基础设施；（10）减少不平等；（11）可持续的城市和社区；（12）负责任的消费和生产；（13）气候应对紧急行动；（14）可持续利用海洋和海洋资源；（15）保护、恢复和促进陆地生态系统；（16）和平、正义与强大机构；（17）促进可持续发展目标实现的伙伴关系。

面向可持续发展，工程将面临严峻的挑战。工程正经历着深刻的变革，其外延正在快速拓展，不仅仅是探究如何创造"人工物"的学科，还迅速向经济系统、生态系统和社会系统渗透。全球工程科技发展正在进入新一轮变革期，新发现、新技术、新材料和新产品迭代周期越来越短。与此同时，工程所面临的挑战正变得更加复杂，往往需要提出跨学科、跨国家和跨文化的解决方案。

面向可持续发展，需要创新工程教育。要培养更多创新型和高质量的工程人才，工程教育的每一个分支都必须肩负起责任，将可持续发展作为核心竞争力，将可持续发展和高质量发展的理念贯穿工程职业和工程活动的各个环节，成为工程企业和工程专业人员的共同信念。

面向可持续发展，需要加强合作和伙伴关系。全球工程界应当同政府、行业和学术界密切协作，建立一个更加平等和包容、发展与共赢的共同体，支持不发达地区提升工程能力，共同应对可持续发展中面临的全球挑战。

联合国教科文组织国际工程教育中心（International Center for Engineering Education，ICEE），是由中国工程院和清华大学联合申请，经2015 年 11 月联合国教科文组织第 38 届成员国大会批准设立的。该中心通过协调全世界工程领域特别是工程教育领域的资源，支持联合国可持续发展目标的实现。

（2）我国"工程"的发展目标

国家的经济社会发展目标是与当时的经济社会发展状况相一致的。新中国成立初期，国家物资匮乏，人民一穷二白，因此快速恢复生产发展经济成为当时经济发展的主要目标。改革开放初期，我国主要矛盾是"人民群众日益增长的物质文化生活需要同落后的社会生产之间的矛盾"，国家制定了"以经济建设为中心"的基本国策。40多年来我国经济社会发展取得了令世人瞩目的成绩，综合国力和国际影响力实现了由弱到强的历史性巨变。在新的时期、新的阶段，国家制定了"国民经济和社会发展第十四个五年规划和2035年远景目标纲要"，这是着眼于新的历史阶段对经济和社会发展做出的战略性布局。

国家社会经济发展是一个复杂巨型系统，工程建设是解决重要问题的途径。工程建设的目标也是社会经济发展的目标，因此要树立工程思维的意识，要有系统思维和底线思维，综合权衡社会经济发展各种要素（有利条件或因素，以及限制或制约因素）。

生态文明建设是关系中华民族永续发展的根本大计，绿水青山就是金山银山。保护生态环境就是保护自然价值和增值自然资本，就是保护经济社会发展的潜力和后劲，使绿水青山持续发挥生态效益和经济社会效益。经济发展不能以破坏生态为代价，生态本身就是经济，保护生态就是发展生产力。

党的十八大以来，我国一直在完善生态文明建设发展体系，从最初的坚决打好污染防治攻坚战，到加强生态文明保护，再到碳达峰、碳中和的目标，我们一直在持续推进着生态文明建设，始终贯彻执行绿水青山就是金山银山理念，也表明了我国对于打赢生态文明建设这场攻坚战的决心。

2021年，碳达峰和碳中和被首次写入我国政府工作报告。"碳达峰"是指在某一个时点，二氧化碳的排放达到峰值不再增长，之后逐步回落。我国力争在2030年前实现碳达峰，意味着在2030年前，我国二氧化碳的排放总量达到峰值之后，不再增长，并逐渐下降。"碳中和"是指企业、团体或个人测算在一定时间内直接或间接产生的温室气体排放总量，通过植树造林、节能减排、产业调整等形式，抵消自身产生的二氧化碳排放。我国努力争取在

2060 年前实现碳中和目标。这些建设与发展目标，同联合国的可持续发展目标（SDGs）也是一致的。

二、认识工程师

（一）什么是工程师

"工程师"一词最早出现在西方，第一次出现大约在中世纪中期。"工程师"一词源于古代中世纪英语 engyneour、古法语 engineur 和中世纪拉丁语 ingeniarus，指"能制造使用机械设备，尤其是军械的人"。在中世纪，工程师主要被用来称呼破城槌、抛石机和其他军事机械的制造者和操作者，以及精通机械的专家。中国传统工程的内容，主要是土木构筑，如宫室、庙宇、运河、城墙、桥梁、房屋的修建等，工程师指从事各类工程技术的人，又有具体的称呼，如"营造师""建造师"等。（吴启迪，2017）

16 世纪初，在荷兰，"工程师"专门用来称呼从事建筑行业的人；在英国，人们起初将从事水利行业的专家称为工程师，后来又称铁路建设者为工程师；在法国，"工程师"既是一个文凭，也是一个头衔。1755 年，英国出版的塞缪尔·约翰逊编写的《英语词典》，将"工程师"定义为"指挥炮兵或军队的人"。1779 年的《大不列颠百科全书》将"工程师"定义为"一个在军事艺术上，运用数学知识在纸上或地上描绘各种各样的事实以及进攻与防守方案的专家"。1828 年，美国出版的诺亚·韦伯斯特编写的《美国英语词典》，将"工程师"定义为"有数学和机械技能的人，他们形成进攻或防御的工事计划并画出防御阵地"。

在古代汉语中，没有和我们现代意义上的"工程师"相对应的词。现代意义上的"工程师"一词是洋务运动时期出现的，"工程师"字样最早出现于1883年7月李鸿章的奏折中"北洋武备学堂铁路总教习德国工程师包尔"（吴启迪，2017）。

工程师通过建造工程，服务社会，满足社会成员的需要，是工程技术创新和工程建设的核心骨干力量。他们以无与伦比的创造力，设计和完成了各种卓越工程，解决了人类社会发展中遇到的突出问题，创造了更加美好的生活环境，提高了人类的生活质量，增进了全人类的福祉。

（二）工程师的思维

> 科学家发现已有的世界，工程师创造从未有过的世界。
>
> ——航天工程学家西奥多·冯·卡门
>
> 工程师是运用科学知识识别和解决实际问题的人。
>
> 《美国传统英语词典（第五版）》
>
> 每一件工程产品都需要设计、制作，工程师就是从事这一工作的人。
>
> ——工程哲学家塞缪尔·佛洛曼

认识工程师解决问题的过程，可以帮助我们初步理解工程师的工作内容和工作过程，如图2-10所示。

（1）确定需求或者问题（identify the need or problem）；

（2）研究需求或者问题（research the need or problem）；

（3）提出可能的解决方案（develop possible solutions）；

（4）选择最佳解决方案（select the best possible solution）；

（5）制造模型（construct a prototype）；

（6）测试、评估解决方案（test and evaluate the solution）；

（7）沟通解决方案（communicate the solution）；

（8）重新设计或者改良最初设计（redesign to improve your original design）。

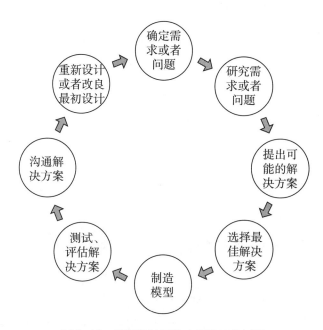

图 2-10　工程师的工作内容和工作过程

（三）工程师的素养标准

1. 工程师的知识、能力和态度要求（教育视角）

在现代社会条件下，从工程教育视角来看，工程师在知识、能力和态度等方面应该达到以下要求。

（1）知识

具备对信息关系的理解力，懂得如何利用和有效处理相关信息，合成新的信息或解决问题。除了科学与技术外，学习历史、经济学、心理学、文学、外语和艺术等知识，增加对社会演变的理解及跨文化理解。

（2）能力

能够有步骤地在设计过程中解决问题，将各学科知识与个人的创造能力和判断力相结合；具有良好的沟通和交流能力，因为工程成就很多是集体智慧的结晶；能通过实际工作或模拟工作，获得和提升自身能力；具有工程推理和解决问题的能力；具有科学探究的能力和系统思维、批判性思维、创造性思维。

（3）态度

能够担当团队的组织者和领导者，具有批判精神，坚定自信、谦卑好学、正直负责、勇于担当。

2. 工程师应具有的能力和素质（企业视角）

企业是工程师实践和成长的土壤。对于工程师应当具备什么样的能力和素质，国内外著名企业也有各自的理解。下面是美国波音公司对现代工程师能力和素质的看法（戴维斯，2012）：

- 较好地掌握工程科学基础知识（数学、物理、生物、化学）；
- 较好地了解设计和制造流程；
- 具有复合学科和系统的观点；
- 基本了解工程实际知识（经济学、商务、历史、环境、顾客及社会需求）；
- 较好的沟通能力（书面文字交流、口头交流、图形交流、理解他人）；
- 高道德水准；
- 批判性、创新的思维能力，既能独立思考，又能博采众家之长；
- 具有信心和能力去适应多变快变的环境；
- 具有终身学习的愿望和求知欲；
- 具有较好的团队协作能力。

3. 21 世纪工程师应具有的能力和素质（个人视角）

当下，信息资讯高度发达，我们每天面临各种各样的信息冲击，社会发展的节奏日益加快，个人应该如何从容地应对各种不确定性带来的挑战呢？核心素养、包容开放和终身学习的能力等，是我们与这个时代同步进步、永葆竞争力的核心所在。21世纪的工程师更应该具备这些能力和素养，归纳起来有几个方面。

- 无所不知：迅速发现所需信息、判断其价值并转化为知识的能力。

- 无所不能：熟练掌握工程基础知识和工具，迅速进入解决问题的状态。

- 在任何地方与任何人共事：具有沟通和团队合作能力，了解全局和局部环境条件，能和他人有效合作。

- 想象力及将理想变为现实：具有企业家精神、想象力和管理能力，准确捕捉市场需求，开发新的解决方案；做企业家型工程师，而不是单纯技术型工程师。

三、典型工程案例

（一）三峡工程

1. 三峡工程总体介绍

长江三峡水利枢纽工程，简称三峡工程，是开发和治理长江的关键性骨干工程，具有防洪、发电、航运、水资源配置、节能减排与生态环境保护等多种综合效益。

三峡工程拥有多项世界之最——世界水电建设史上，从倡议到建成，历时最长的水利水电工程；世界上混凝土工程量最大的水利水电工程；世界上移民规模最大的水利水电工程；等等。

三峡工程的主要功能如下：

● 三峡工程是长江防洪综合体系中的关键性骨干工程，拥有221.5亿立方米防洪库容，保护了江汉平原150万公顷土地和1500万人口的安全；

● 三峡水电站总装机容量2250万千瓦，每年可累计产生882亿千瓦时的清洁能源；

● 从根本上改变了重庆至宜昌河段的三峡航道，万吨货轮可直达重庆；

● 在长江防洪体系中具有重要的作用，三峡水库正常蓄水位为175米，总库容达393亿立方米，可使荆江河段防洪标准由过去约10年一遇提高到100年一遇。

2. 三峡工程的建设过程

三峡工程是自然和人类社会中的一个复杂系统工程，涉及长江和长江流域的自然生态、人文环境、政治、经济以及工程本身的建设技术等诸多问题。三峡工程规模巨大，问题复杂，而且建设过程中存在多个声音和态度。

三峡工程是中国建成的最大的水电工程，也是世界上目前已建成的规模最大的水电工程。孙中山先生是最早提出开发三峡水利资源的人，1894年孙中山上书李鸿章，建议开发三峡水利资源，但当时的清政府对此不屑一顾。1919年，孙中山先生在《建国方略之二——实业计划》中谈及对长江上游水路的改良，提出建设三峡工程的设想。此后，经过几代中国人的不懈努力，经过70多年的勘测、实验、规划、论证、设计等工作，1992年，第七届全国人民代表大会第五次会议通过了国务院关于兴建长江三峡工程的决议。2009年三峡工程初步设计建设任务如期完成，其构思、设计和建设经历了近一个世纪的时间。现三峡工程已处于工程全面运行阶段。下面我们来回顾一下三峡工程从构思、设计开始的整个过程，如图2-11所示。

图2-11　三峡工程全生命周期过程

（1）工程构思

人们对长江自然规律的认识经历了漫长的过程。自 1919 年孙中山先生提出建设三峡工程设想开始，为了保证三峡工程决策的科学性，几代水利水电工作者踏遍祖国大江南北，深入开展调查研究，参照国际大型水电工程的建设经验，学习和借鉴国际先进技术，积极探索水文、地质等方面的规律。

①新中国成立前的构思和论证。

国内工作。1932 年，国民政府建设委员会联合国防设计委员会、扬子江水道整理委员会等部门，组织电气、水利等方面的专家，对三峡工程建设进行实地勘测，完成了第一份论证报告——《扬子江上游水力发电勘测报告》，提出投资 1.665 亿元修建两座大坝。1945 年，国民政府相关机构对前期的论证报告，以及航运、灌溉、库区淹没、人口迁移、库区测量等问题进行了讨论。1947 年，扬子江水道整理委员会等单位编写了《长江三峡水库勘测报告》《三峡水库区经济调查报告》等报告（闫广涛，2015）。

国际合作。国民政府聘请美国人斯特罗德做测量总工程师，形成了《扬子江上游水力发电勘测报告》；聘请奥地利人布朗做顾问，提出了《三峡水能研究报告》；聘请美国经济学家帕沙尔进行经济论证。1944 年，邀请美国水利专家萨凡奇博士开展三峡工程选址调研，形成了初步可行性研究报告《扬子江三峡计划初步报告》，即著名的《萨凡奇报告》，为以后的建设工作提供了重要参考。1946 年，国民政府资源委员会与美国垦务局正式签订合约，由该局代为进行三峡大坝的设计，中国派遣技术人员前往美国参加设计工作。有关部门初步进行了坝址及库区测量、地质调查与钻探、经济调查、规划及设计等工作。

1947 年 5 月，岌岌可危的国民党政府中止了三峡水力发电计划的实施，三峡工程没能修建。然而，此次尝试也获得了很多知识和资料，学习了大量国外水电开发的经验，并编写了勘测、设计、地质、经济等方面的报告，为三峡工程的决策和论证打下了基础。

②新中国成立后的规划和论证。

新中国成立到 1986 年，三峡工程从概念设想逐步落实为科学规划，完成了以防洪为首要目标的前期勘测和规划工作。

●邀请外国专家考察，开展项目咨询

1955—1960 年，我国聘请苏联专家协助开展三峡工程的选址工作。1981—1993 年，我国与美国开展合作，邀请相关专家学者到三峡实地考察，对三峡工程设计和实施中涉及的 40 多个项目进行了短期咨询，并生成咨询报告 46 份，技术资料 40 份，月度报告 42 份，以及大量有参考价值的技术规范、设计手册等技术资料。1985 年，我国长江流域规划办公室与加拿大合作，编制了三峡工程可行性研究报告，为三峡工程的科学决策、申请项目贷款奠定了基础。

●与国外签署协议，购买技术和服务

20 世纪 70—80 年代，我国与美国政府先后签署了 5 份有关三峡工程设计、施工、运行、水力发电、水资源利用等方面的合作协议。除此之外，还与意大利、瑞典、德国、比利时、日本、法国、瑞士、巴西等国家开展技术交流与合作，涉及三峡工程二期深水围堰设计、微震监测系统设计、地质力学模型试验、三峡大坝安全监测系统设计、船闸两侧岩壁锚杆加固设计、三峡船闸结构设计，以及水工建筑物、升船机、水轮发电机组、洪水预警系统、液压技术等项目咨询。这些合作，对深化我国三峡工程的设计和研究工作提供了有价值的参考。

●深入开展研究，进行充分论证

1958 年 4 月，我国成立了三峡科研领导小组，组织起全国性的三峡工程科研大协作，提出了与三峡工程相关的 17 项重大科学技术关键任务和 200 多个课题，共有近万名科技人员参加项目研究。三峡科研领导小组先后多次召开三峡科研会议及现场会议，对三峡的初步设计要点、选址、施工准备、泥沙淤积等问题进行讨论。1986 年，"长江三峡工程重大科学技术研究"被列为第十六项"七五"国家重点科技攻关项目，参加该项目的科研机构、院校和勘测、设计、施工等单位总计约 350 个，参加人员 2800 余人。

●进行重新论证，为最终决策和建设准备

1986 年，根据中共中央、国务院的指示，三峡工程重新论证，涉及地质地震、枢纽建筑物、水文等 14 个专题。相关专家学者做了大量的调查、实验、计算和技术、经济论证等工作，先后召开了 10 次大型会议讨论研究有关问题，历时 3 年，为三峡工程最终决策提供了科学参考（郑守仁，2016）。

（2）工程设计与论证

1986 年 6 月至 1989 年 2 月，国家有关部门组织 412 位专家，组成 14 个专家组对三峡工程的可行性开展进一步论证（也称重新论证）。

①工程设计。

三峡工程设计工作大致经历了概念设计、可行性研究、初步设计、招标设计和施工详图设计等几个阶段。

概念设计。包括新中国成立前和成立后，对三峡工程的勘测、考察和初步论证，包括《萨凡奇报告》，以及坝体、厂房结构、泄水方式、蓄水水位、装机容量等相关概念的设计。

可行性研究。包括三峡工程的必要性、可行性和经济合理性等，以及主要水文参数、地质条件、坝址坝型、建筑形式、工程规模、枢纽布置、施工方案、移民安置计划、生态环境影响等总体评价。

初步设计、招标设计、施工详图设计。在可行性研究的基础上进行初步设计，分为枢纽工程、水库淹没处理和移民安置工程、输变电工程等三大部分，分别编报并报送国务院三峡工程建设委员会审查批准，并作为单项工程技术设计、招标设计、施工详图设计和施工的依据。

②总体论证。

1986 年 5 月，中共中央、国务院下发《关于长江三峡工程论证有关问题的通知》；1986 年 6 月至 1989 年 2 月，水利电力部组织 400 多位专家，组成 14 个专家组，对三峡工程的可行性进行进一步论证，推荐的建设方案是：一级开发，一次建成，分期蓄水，连续移民。同时，聘请加拿大国际工程扬子江联营公司，按照国际通行标准，开展平行论证研究。1990 年 7 月，国务院召开三峡工程论证汇报会，决定将重新编制的《长江三峡水利枢纽可行性研究报告》提交国务院三峡工程审查委员会审查。

③结果论证。

三个层面：一是广泛组织各方面专家，围绕各界提出的问题和建议，进行深入研究论证，得出科学的结论意见。《长江三峡水利枢纽可行性研究报告》为国家提供了决策依据。二是1990年7月，国务院三峡工程审查委员会负责审查可行性研究报告。三是第七届全国人民代表大会第五次会议审议了国务院关于提交审议兴建长江三峡工程的议案，兴建长江三峡工程正式列入国民经济和社会发展十年规划。（尚存良 等，2016）

论证结果：三峡工程是长江流域综合治理和开发的关键工程，地理位置优越，综合效益巨大，其开发与建设对于国家经济和社会发展具有重要作用。三峡工程在技术上是可行的，经济上也是合理的，从整个国民经济的发展需要来看，建三峡工程比不建三峡工程好，早建三峡工程比晚建三峡工程有利。

（3）建设实施

1992年4月3日，中华人民共和国第七届全国人民代表大会第五次会议全体代表表决：通过关于兴建长江三峡工程的决议，决定兴建长江三峡工程。1992年，三峡工程转入实施阶段，由三峡工程开发总公司全权负责三峡工程建设。1994年12月14日，长江三峡水利枢纽工程正式开工，工程施工采用"三期导流、明渠通航、碾压混凝土围堰挡水发电"方案。1997年11月8日，三峡大江截流胜利合龙。2003年起，三峡工程开始蓄水发电，转入运行和施工并行阶段， 2009年，三峡大坝主体工程全线完工，三峡工程转入以运行为主的新阶段。

（4）运营管理

三峡工程建成后，由保障三峡工程建设安全转向保障工程长期运行安全。通过后续工作规划和有效治理措施，逐步恢复和改善库区生态环境，确保三峡工程长期安全运行和持续发挥综合效益，包括水资源利用与保护、水库综合调度与管理、移民稳定与发展、水环境质量与安全、生态系统保护与管理、水库

应急系统建设与处理等。（李新民，2009）

①三峡工程的正面价值。

2021 年是三峡工程整体竣工验收后的第一年，工程全年运行情况良好，工程质量满足工程规范和设计要求，防洪、发电、航运、水资源利用等综合效益充分发挥。

② 潜在问题和风险。

生态是自然界生物间（植物、动物、细菌以及人类）相互依存的状态，是一个动态平衡的过程。三峡工程如同人类其他造物活动一样，必然会改变原有的生态环境，环境的变化必然产生新的生态，环境好坏的标准是是否能促进"人类的可持续发展"。

三峡工程改变了长江水资源的时空分布和原有水流状态，改变了鱼类等水生生物的生存环境，可能会对某些鱼类种群的生存造成一定影响；三峡及其上游梯级水库群形成后，长江中下游泥沙量大幅减少，清水下泄对下游河道产生冲刷作用，导致部分河岸崩塌，部分河段水位下降。

面对这些问题，要不断深化研究，探索采取各种技术和工程措施，避免和减少可能带来的不利影响，将效益发挥到最大。同时，三峡工程与所有的水库大坝一样，都应加强风险管理，做好极端自然灾害的应急预案，防范各类风险。

3. 三峡工程中的工程思维

工程思维是工程建设与工程管理的方法论，研究工程方法的共同本质、共性规律和一般价值。三峡工程历经 70 余年论证决策、17 年工程建设，现已全面进入运行阶段，并发挥效益。大型工程的建设与运行，不同阶段有不同的阶段性目标、不同性质的工作内容，以及各具特色的工程方法（杨马林，2005；尚存良 等，2016）。在三峡工程建设过程中，工程思维有如下几方面的体现（赵美岚，2006）。

（1）工程设计中的工程思维

工程活动是一个完整的过程。工程思维是面对新事物的建造需求，首先开始于面向未来人工物的筹划思考，根据人们的意愿需求，设计出一个能满足人们需求的人工物蓝图，寻求潜在可能性与现实可行性的转化契机，以及解决工程理想与工程实现两者之间的矛盾。这个思维求解过程，因为工程活动的复杂性，成为跨学科交叉性和多学科融汇性的综合思考。工程设计时必须进行跨学科、多学科的综合考量，三峡工程的设计过程，需要从管理学、经济学、社会学、生态学、伦理学、历史学、地理环境和文化心理学等多个方面进行综合考量。

（2）工程决策中的工程思维

工程决策是从多个备选方案中，选出一个特定行动方案的抉择活动。三峡工程这样的大型工程，会产生极其复杂、未曾预料的结果，所以在决策活动中必须慎之又慎。三峡工程规模巨大，移民数量众多，三门峡水库淤积的教训，以及大型工程面临的防空问题，导致国家不能快速定下三峡工程建设的决心。所以围绕三峡工程可能存在的问题，全面、系统、审慎地开展调研、设计和论证等工作，在构思、设计、建设和运行全寿命周期的各个阶段，都要奉行科学民主的决策精神，围绕工程的必要性和可行性展开深入论证，严格过程和要素管理，遵循规范又勇于创新。最终运行阶段精益求精，实现了三峡工程与自然的和谐相处，工程与社会的可持续发展。（卢纯，2019；潘家铮 等，2001）

（3）运营阶段的工程思维

人工物只有在被使用的过程中，才能实现为人服务的目的。工程是协调和综合权衡的产物，三峡工程也是经过对防洪、发电和航运效益、库区土地淹没和移民搬迁安置、生态环境影响等多方面因素综合权衡后，做出的最终决策。人类任何一项造物活动都是在一定的主观和客观约束条件下进行的，不可能达到严格意义的"尽善尽美"，都存在有利有弊的方面。在发挥三峡工程巨大综合效益的同时，对于三峡工程可能造成的生态和环境影响，要加强相关研究，并通过必要的手段加以改善，以实现人类可持续发展的最终目标。

（4）工程运筹思维

在工程活动中，人们运用工程运筹思维分析工程进行中的各种情况，对人力、物力、财力等资源进行统筹安排，以得出解决工程问题的最佳方案。以三峡工程为例，首先，针对筑坝选址、设计方案、资金筹措、移民安置、环境协调、施工进展掌控、技术、资料、设备等，需要以整体形式进行统筹考虑，将这些因素进行最佳组合，并指向工程终极目标。其次，将待完成工程的各种工序，按照先后顺序和推进进度，在全局中进行统筹考虑，锚定关键工序，多、快、好、省地完成建设任务。

（二）港珠澳大桥

港珠澳大桥是我国近几十年来继三峡工程、青藏铁路、南水北调、西气东输和京沪铁路后又一重大基础设施工程。它跨越中国南海珠江口伶仃洋水域，连接香港特别行政区、广东省珠海市和澳门特别行政区，属于当今世界上超大型交通设施工程项目。该工程的基本功能是解决香港与内地（特别是珠江西岸地区）及澳门之间的陆路客货运输要求，建立香港、珠海、澳门三地及连接珠江东西两岸的陆路通道。

1. 从港珠澳大桥前期决策面临的挑战感受工程的策划环节

1983 年香港企业家胡应湘先生提出兴建连接香港与珠海的伶仃洋大桥，虽因条件不成熟无法实施，但对处于改革开放前沿的珠海人民产生了极大的启发。1987 年，珠海市委、市政府开始酝酿珠海与香港间的跨海通道方案；1992 年正式开展可行性研究；1997 年 12 月 30 日伶仃洋大桥项目获得国务院批准立项，但金融危机使已经是水到渠成的项目骤然冷却。2002 年年初，胡应湘先生再次向香港特别行政区政府提出修建珠港跨海大桥的建议，这次得到了香港特别行政区政府和广东省人民政府的强烈支持。至此，港珠澳大桥工程建设被提到议事日程，进入实质性的前期立项决策阶段。

由于港珠澳大桥在工程环境、工程技术和工程规模等方面的特殊性，其相关决策除具有一般意义的难度外，还面临以下显著挑战。

（1）港珠澳大桥工程的高度复杂性提升了相关决策问题的复杂性

重大交通基础设施建设必然与社会经济环境有广泛、紧密和深刻的关联，这些关联又因为工程的超长设计使用寿命（港珠澳大桥为120年）而难以考虑周全、预测准确。大桥桥型的决策，除了要考虑工程美学和工程力学等基本要素之外，还要考虑大桥的阻水率问题，这关系到珠江携带的大量泥沙长时间淤积对河床的影响。大桥的走线决策，除了要考虑社会、经济、区域发展以及技术可行性和工程投资因素外，还要考虑伶仃洋海域珠江口的白海豚保护问题；此外，就工程自身而言，其中的岛隧工程包括海底隧道、桥梁和两个海中人工岛，施工地段水深且海底地质复杂，施工难度大，施工环境面临白海豚保护及航线密集等问题。这些复杂的施工要素使得在决策时要尽量考虑周全，采用有利于界面控制、造价控制和协同管理的模式。如设计施工总承包模式，思考怎样将其分解为一系列复杂的子决策问题。实践中这些问题既复杂又缺少可借鉴的成功经验。

（2）港珠澳大桥工程决策的环境复杂增添了决策过程的复杂性

港珠澳大桥工程前期决策的复杂性既有工程自身难度大造成的，又有工程与社会经济环境关联性强造成的。港珠澳大桥是跨界公共工程，三地政府是工程立项和投资的主体，对大桥立项、投融资等重大问题有各自不同的行政审批规则与程序，各自目标、流程区别较大。在工程施工技术规范与标准等方面，三地也各不相同。工程技术标准和原则的确立需要在技术的先进性、施工难度、可靠性、时间、资金约束之间寻找一种平衡，需要在项目的决策阶段就进行仔细的研究，因此三地建立良好的沟通、协调机制至关重要。在"一国两制"的背景下做好不同层次的决策，既要协调三地政府管理的差异性，又要协调三地相关法律的不一致，这些使得港珠澳大桥的决策既复杂又缺少成熟的路径和经验。

综上所述，从港珠澳大桥初步概念的提出，经过长时间的可行性研究，发现大桥建设的必要性显著，到预见可实现的系统结构，由于工程规模巨大、工程环境复杂，多方决策主体观点不一致等，港珠澳大桥在前期决策过程中出现了高度的复杂性，凸显了这个超级大工程的独特性。面对"新问题"和"老问题"的纠缠，在港珠澳大桥的前期决策过程中，决策内涵不断丰富，充分体现了从系统性的角度综合考虑、科学分析，对工程全生命周期运营管理的考量；在决策组织、流程选择、路径选择、方法综合和过程控制方面不断创新；整个过程体现了比较权衡，选择当时当地的合适解、较优解的思路；操作方法上考虑目标分解、循环迭代、不断优化，最后形成了高质量的决策方案。港珠澳大桥工程中体现的以目标为导向的建构性思维如图 2-12 所示。

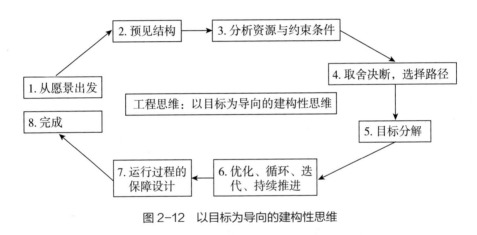

图 2-12 以目标为导向的建构性思维

➤ 从愿景出发。例如，港珠澳大桥的愿景是让香港和澳门的进一步发展更好地融入祖国的发展蓝图中。

➤ 工程师要有预见结构的能力，考虑结构如何在逻辑、时间、顺序和功能方面相连接，以及在什么条件下起作用或者不起作用。

➤ 能熟练地分析资源和约束条件，如技术、时间、金钱、社会影响等，在限定的条件下进行设计。

➤ 所有的工程都不会是唯一解，也没有最优解，只能根据实际情况找到当时当地的合适解，这就需要工程人员具有果断取舍的能力。

➤ 选择路径后，能对目标进行分解，特别是对分解后的目标各部分之间的作用及相互作用有正确的理解。

➢ 对目标的推进过程是不断优化的过程，是在一组限制条件下实现预期目标的过程，通过"被限制—优化方案—遇到新的限制—再优化"这样的循环迭代逼近目标。

➢ 最后整合成为一套独特的工程生命系统，制订保障运行过程的制度。

➢ 完成工程，达成愿景。

2. 港珠澳大桥建设中的白海豚保护决策历程

港珠澳大桥的海豚塔如图 2-13 所示，代表的是"海上大熊猫"中华白海豚。港珠澳大桥横跨的海域是中华白海豚的最大栖息地，"在大桥建设过程中，建设方进行了详细调研，从设计到具体施工，都充分考虑了白海豚这一珍稀物种，努力将对白海豚的影响降到最低"，大桥建设者孟凡超说。这座桥塔象征着人类与海洋环境的和谐相处。

图 2-13　港珠澳大桥的海豚塔

2011 年的某一天，东人工岛正在进行紧张有序的砂桩施工，"观豚员"突然发现岛旁 500 米内出现了两头中华白海豚，立刻通知：停止作业！结果，两头调皮的中华白海豚在该海域"玩"了 4 个多小时，工人们只好停止施工 4 小时，大家开玩笑：谁的面子也不及海豚大啊！在港珠澳大桥建设期间，累计有 560 名施工人员获得了中华白海豚保护上岗证，每个工地都有持证上岗的"观豚员"。为保护白海豚，港珠澳大桥的工程造价增加了 36.7 亿元。

（1）大桥建设与白海豚保护的矛盾

2004 年 8 月，港珠澳大桥建设工作协调小组意识到，港珠澳大桥建设与珠江口中华白海豚自然保护存在的矛盾不可避免。所以在编制工程环境影响报告书之前，需要对白海豚保护问题进行专题研究。

2005 年 4 月，国家发改委主持召开港珠澳大桥桥位技术方案论证会，专家组通过综合论证比选发现，原则同意的大桥线位走向不可避免地穿越了珠江口中华白海豚国家级自然保护区。中华白海豚保护问题复杂，工程施工过程中的水下爆破、船舶航行灯都会直接伤害到白海豚，产生的悬浮物、污染物对白海豚的生存环境也会产生影响。保护中华白海豚的法律制约条件严格，涉及《中华人民共和国海洋环境保护法》《中华人民共和国野生动物保护法》《中华人民共和国自然保护区条例》。中华白海豚保护研究迫在眉睫！它关乎中华白海豚的生死存亡，关乎大桥建设能否顺利进行。

（2）全面分析——一波三折——找到希望

针对大桥工程与保护白海豚的矛盾，有两种解决方案：一是调整大桥线位走向，二是申请调整保护区区划。大桥桥位方案是港珠澳三地反复博弈艰难磋商综合考虑后达成的最优方案，如果选择其他方案会使工程难度加大，工程造价激增，不利于工程总体目标的实现，因此只有从调整保护区区划的角度入手。

根据国家环保总局（现生态环境部）颁发的《关于涉及自然保护区的开发建设项目环境管理工作有关问题的通知》，重点项目因受自然条件限制，必须要穿越保护区的，可以对保护区进行适当调整。办理相关手续需要历时 1 年。通过各方面的系统分析和权衡，在调整桥位走线方案和调整保护区功能区划分的问题上，选择后者利大于弊，于是相关部门合力准备科学专题论证，再提交各级主管部门。

各项工作按调整保护区区划的方向推进。但随着研究不断深入，越来越多的信息反馈原来的方向似乎走不通了，一是工程施工期和运营期对白海豚的影响越来越清晰可见，二是珠江口保护区边缘已经布满了航道、锚地、各类码头、经济开发区等功能区，当然，研究的深入也带来一些好消息，大桥的桥墩和人工岛等能产生类似人工鱼礁的效果，增加白海豚的食物来源，大桥营运后来往粤港澳之间的高速客轮将减少，降低了白海豚被撞击的风险等。面对新的情况，负责研究该项目的南海水产研究所和广东省相关政府部门都认为保护区区划不能做调整，问题的解决需要另辟蹊径。

2005 年 4 月 21 日，广东省海洋与渔业局召开有关事项的专家评审会，提出如下意见：在保护区不调整的情况下开展研究；补充对大桥施工工艺和方法以及营运等情况的介绍，进行大桥工程队白海豚影响因子筛选论述；提出有针对性的后续研究专题。

（3）转变思路达成工程与自然的和谐

2005 年 9 月 21 日，通过 5 个月紧锣密鼓的工作，南海水产研究所编制完成了中华白海豚影响问题专题研究报告。专家评审后形成以下意见：关于生态问题提出补偿意见，供有关部门做进一步协商时参考。建议保护区暂不调整。对专题研究报告补充影响因子筛选表，补充具体数据和量化分析，编制简本，补充完善后再次评审。同年次月，广东省海洋与渔业局召开专家评审会，继续提出对上述专题报告的完善意见。

在一切工作按部就班地进行时，变化又至，原来拟定的大桥一地三检口岸查验模式改成三地三检模式，口岸查验模式的变化对工程填海用地等有很大的影响。面对变化，决策者们迅速反应，补充更新了白海豚周年观测资料，提出建议的生态补充金额，并就大桥穿越保护区问题参考珠江口大型基建项目经验，提出了"临时调整保护区内的功能布局区划"的解决思路。在该思路下，协调小组办公室协同相关部门，提出了几个调整方案，组织专家组进行分析和比选。主要比选以下三个方案。

方案 1：把保护区分为南、北两个区。

方案 2：永久调整保护区内部功能区划。

方案 3：暂时调整保护区内部功能区划。

经过全面系统详细的分析比较：方案 1 受地域限制，仅在几何尺度上做同等面积补偿没有实际意义，不科学；方案 2 不符合自然客观实际，违反了保护区的功能分区原则；方案 3 临时调整保护区的核心区、缓冲区和实验区设置，先提出申请，施工结束后根据白海豚的实际情况再做调整，与此同时，施工期间和建成 5 年内进行持续的监测研究，并建立生态补偿机制，对工程对环境造成的影响进行补偿。

至此，研究团队把所有可能的途径进行分析、评估和比较，形成了建设期临时调整白海豚保护区功能布局区域的思路，经过一波三折的研究推进，终于得到了一个各方面都能够接受的解决方案。

保护方案通过后，开始落实保护措施。港珠澳大桥管理局委托中山大学和中科院水生物研究所共同承担中华白海豚保护技术的研究任务。他们用了 4 年时间给白海豚逐一建立身份标识档案，摸清白海豚的生活习性：研究白海豚的哨叫声，首次在自然水体记录下长系列的哨叫声；绘制系统的针对中华白海豚的行为谱；研发出中华白海豚声学驱赶技术，只要施工人员现场播放天敌虎鲸的声音，白海豚就会避免进入施工海域。管理局引入国际先进的 HSE［健康（health）、安全（safety）和环境（environment）三位一体］管理体系，制订《港珠澳大桥主体工程建设 HSE 管理体系文件》，专人专责抓落实。定期进行人员培训，把保护中华白海豚当作非常重要的一环。

大量观测数据和现场监管情况表明，尽管大桥在建设期间对白海豚有一定影响，但在各方努力下，没有发生因施工直接造成中华白海豚伤亡的事故，也没有发现由海洋污染事故造成的中华白海豚死亡。

大桥建设者余烈说："大桥通车、白海豚不搬家的承诺守住了。多年之后，港珠澳大桥留给大家的不仅是一个个世界奇迹，还有不变的白海豚栖息地、不变的碧海蓝天。"（朱永灵 等，2019）

3. 港珠澳大桥建设中白海豚保护过程中的工程思维

（1）愿景引领
确定工程目的和目标：实现大桥的顺利建设和白海豚保护的和谐共存。

（2）系统思考、结构分析、目标分解

把中华白海豚保护决策作为一个整体，把桥位穿越保护区、调整保护区内部功能区划、生态补偿方案作为整体的三个部分，考虑各个部分的相互关系，将各个部分的特性放到系统的整体中去权衡，以整个决策的总目标来协调各个部分的目标。

（3）分析资源及约束条件

保护白海豚的各项政策是在充分收集各种信息的基础上制订的，包括桥位决策、法律法规、技术可行性、保护区及附近区域的经济现状与发展。这些考虑了法律、技术和资金的可行性，保证了决策的科学性与可行性。

（4）充分考虑后进行取舍选择

虽然尽可能充分地调研，但信息还是有限，制订的方案也是有限的，对有限方案的认识也是局限的，同时考虑众多错综复杂的相关因素，要权衡各方决策主体需求，因而决策方案不可能是绝对最优的，只能是在一定程度上满足整体决策目标就好。

（5）优化、循环、迭代、持续推进

整个决策过程充分体现了不断优化、反复迭代、逼近目标的建构性思维特点。由研究所撰写专题报告，形成方案，经过多次专家评审，提出修改意见，再反馈给研究所对各种方案进行修改。决策过程中组织不断演变，决策过程中使用了多种决策方法，包括现代科学实验与现场调查、技术方案选优、专家讨论会议、多方沟通等。决策过程历经 4 年时间，通过一次次反复推敲和论证，不断比较方案，层层申报和审批，不断完善生态补偿方案，逐步形成了较为满意的方案。

（6）充分考虑到工程全生命周期运营管理

生态补偿方案延伸到工程建成后的 5 年内持续监测研究，对白海豚的保护不仅是在工程的施工期，还延续到工程的运营阶段，充分体现从工程全生命周期考量的工程思想。

（7）结论

工程思维是以目标为导向，以问题为导向，在资源和环境的约束下，把事情做成、做好的思维。其求解结果可能不是理论上的最优解，而是在彼时彼境下的合适解。它具有系统分析、在约束条件下调配资源得出较优解等特点，是面对工程复杂性的系统性思维。

本章回顾与反思

1. 谈谈你对"工程"一词的理解。

2. 谈谈你是如何认识"工程师"这一职业的。

3. 如何理解本书介绍的典型工程中的工程思维？

第三章 工程教育与工程思维培养

高等工程教育

中小学工程教育

工程思维培养模式

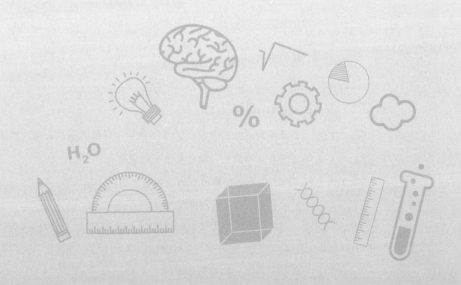

目前中小学工程教育主要以STEM课程的形式开展。然而我国STEM教师大多缺乏实际工程经验，更缺少对工程教育的整体理解和深入思考，使工程教育的实施受到影响。

本章对高等工程教育、中小学工程教育，以及工程思维培养模式进行整体介绍，意在通过本章内容的学习，帮助STEM教师拓宽对工程教育的认知视野，弥补认识和理解上的短板，为做好中小学工程教育奠定基础。

本章学习目标：

1.认识工程学科的分类与发展，国际高等工程教育现状，以及我国高等工程教育的历史、现状与未来的发展。

2.了解国内外中小学工程教育的基本情况。

3.掌握工程思维培养的主要模式。

一、高等工程教育

工程教育与人类社会的工业和科技发展相伴相生、互相促进，工业和科技的发展进程影响着工程教育的理念与实践，工业和科技的进步也越来越需要大量创新型人才来支撑。

高等工程教育要培养对经济、社会、环境和国际化背景下的职业活动有深刻理解的工程师，能够清晰预见工程活动可能产生的积极和消极影响，并通过自己的工作来增进人类福祉。

（一）工程学科专业

1. 传统工程学科分类

工程教育是高等教育的重要组成部分。传统理工科包括理、工、农、医等学科门类，工科教育是开展工程教育的主阵地，是应用数学、物理学、化学等基础科学原理结合生产实践发展起来的学科。表3-1所示为传统工程学科分类。

表3-1　传统工程学科分类

航空工程	计算机工程	机械工程	生物医学工程	食品工程	海洋工程
农业工程	电气工程	造船工程	化学工程	工业工程	石油工程
建筑工程	环境工程	核工程	土木工程	材料工程	系统工程

2. 工程学科专业发展

时代在发展，工程不同学科之间、工程与其他学科之间、工程教育与产业之间，融合发展已成为新的趋势，21世纪的高等工程教育正在向跨学科、跨领域、跨国家、跨文化合作转变。工程师需要接受更广泛的多学科教育，工程师沉湎于自己的专业领域中坐井观天的时代已经一去不复返了。

美国国家工程院列出了近百年来20项最伟大的成就，如表3-2所示。表中各项成果几乎都带有交叉学科的性质，这些里程碑式的成就都是来自多个领域的工程师共同努力的结果。

表3-2　20世纪前20名工程成就名单（2000年美国国家工程院发布）（霍伦斯坦，2017）

1. 电气（电气）[①]	11. 公路（土木）
2. 汽车（机械）	12. 航天器（航空航天）
3. 飞机（航空航天）	13. 互联网（计算机）
4. 用水供配系统（土木）	14. 成像（电气）
5. 电子（电气）	15. 家用电器（电气和机械）
6. 广播和电视（电气）	16. 健康技术（生物医学）
7. 农业机械化（机械）	17. 石化技术（石油）
8. 计算机（计算机）	18. 激光与化纤（电气）
9. 电话（系统）	19. 核技术（核）
10. 制冷（机械）	20. 高性能材料（材料）

（二）国际高等工程教育

为帮助STEM教师更好地理解中小学工程教育，建立对工程教育的整体

---

① 　括号外是工程成就内容，括号里是工程成就所属的学科专业。——编者注

认知，树立国际化视野，需要对国际工程教育的主要模式、认证体系和毕业生标准等有一些基本了解。

1. 各国高等工程教育模式

20 世纪 90 年代，美国提出了工程教育"回归工程"，进入 21 世纪，又致力于培养具有创新能力和领袖素质的高水平工程技术人才。欧盟各地的高校注重与工业界的紧密结合，通过加强校际协作、学生交流等促进工程人才的国际化。日本、韩国、印度等国把实行产学研结合、培养创新型工程科技人才作为工程教育的重点。

（1）美国工程教育模式

美国高等工程院校对学生进行工程相关基础知识的传授和技能的指导，将学生勾勒成工程师的"毛坯"，进一步提升则由企业、工程师资格认证和继续工程教育共同完成。学生获得工程专业学位后，需积累 4 年实践经验并通过专门考试，方可完成工程师注册。美国工程人才培养是在一套标准化体系基础上的多方协作与共同发展。麻省理工学院在 2017 年 8 月启动了"新工程教育转型"（New Engineering Education Transformation）计划，代表了美国工程教育新的发展方向，面向未来新机器和新工程体系，开设以项目为中心的跨学科专业，强调对学生思维方式和综合能力的培养。

国际上，美国于 1989 年联合英国、加拿大、爱尔兰、澳大利亚、新西兰签订了本科工程教育学位互认协议《华盛顿协议》（Washington Accord）。我国于 2013 年加入该协议，成为预备成员，于 2016 年成为正式成员。美国高等工程教育界借助《华盛顿协议》的领导作用向全球推广其教学理念与模式。

（2）德国工程教育模式

德国高等工程教育主要依托高等专科学校或应用科学大学（一种应用型高等教育）开展，主要特点是以"双元制"职业教育为基石，学生入学前一般都具有相应的职业培训或实践经验。学生入学进入主要学习阶段后，还要进行为期 3 个月的企业实习。学生在学校里学习的内容主要来自企业，强调知识的实践性和实用性，学生还要经常去企业参观考察，了解企业的工作情况以及实际的工作程序和方法（李锋亮 等，2021）。

（3）英国工程教育模式

英国皇家特许工程委员会制定了英国工程专业能力标准。这是英国实行注册工程师制度的基础性文件，提出了工程技术员、技术工程师和特许工程师三种执业资格注册所应达到的能力和承诺标准，以及教育和专业发展要求，并对工程伦理进行了规范，有效地促进了工程师的专业和职业发展（朱伟文 等，2016）。

目前，英国高等工程教育注重提升学生的行业、企业参与度，将教学和企业深度捆绑，让学生和工程师共同在工程的环境下合作学习。学生除了在车间里和工程师合作工作外，还要独立完成工程项目，提交解决方案。在学生进行工程项目时，注重以研究为主导，把工程设计和研究与行业经验进行系统整合，促进学生创造力、企业家精神与创新精神的提升。

（4）法国工程教育模式

法国高等教育体系分为综合性大学、高等专业学校和大学技术学院三个类型。相比于综合性大学，高等专业学校的专业性更强，它是法国独有的精英教育体系，通常专注于政治、工程、商业等某个单独的学科领域。高等专业学校包括工程师学校、工商管理学校和高级行政管理学校。大学技术学院提供两年的专门职业培训，颁发大学技术文凭。

高等专业学校中的工程师学校第一年为基础理论教育。第二年学生选择具体专业，以专业理论课、实习课和实验课为主。三年级第一学期为专业理论课学习，第二学期为毕业项目学习，学生需要去企业做为期 4～6 个月的主题项目，完成实习报告，并参加最终答辩（李国强 等，2013）。

法国的高等工程教育属于精英教育体制，具有选拔严格、重视实践、专业交叉等特点，实行"严进严出"的选拔淘汰机制。法国的工程师学校规模小，专业化程度高，招生条件严格。工程师培养密切结合实践，以企业需求为导向，课程由学校和企业共同制定，并从企业高层中聘请具有实践背景的专家参与学生的培养和指导。

2.国际高等工程教育认证

（1）美国 ABET 工程教育认证

美国工程技术认证委员会（Accreditation Board for Engineering and Technology，ABET）是美国最具权威的专业认证机构之一，也是《华盛顿协议》6 个发起工程组织之一。ABET 认证旨在关注并促进工程教育质量的持续提升，其遵循三个基本理念：成果导向、以学生为中心、持续改进。这些理念对引导和促进工程专业建设与教学改革、保障和提高工程人才培养质量发挥了重要作用。

（2）德国"认证、证明和质量保障学会"工程教育认证

在工程教育认证方面，德国于 2001 年成立了"认证、证明和质量保障学会"，负责对高等工程教育的质量进行认证。目前，学会覆盖了一些欧盟国家，很多非欧盟国家，如瑞士、黎巴嫩等国也加入其中。"认证、证明和质量保障学会"认证不但能够保证政府对高等工程教育的监督与引导作用，而且能让大学接受外部的认证与评估，促进了整个德国高等工程教育的市场化进程。

（3）欧洲工程教育认证网络

欧洲工程教育认证网络于 2006 年 2 月 8 日成立于比利时布鲁塞尔，由 14 个和工程教育有关的欧洲学会组建而成，目标是促进欧洲工程学位项目的信息交换、发展自愿认可的工程教育专业认证并承认工程师的资格，以及推动开发工程专业毕业生能力标准。（袁本涛 等，2015）欧洲工程教育认证网络及其管理的欧洲工程教育专业认证体系的出现与不断发展，和欧洲各国的工程教育专业认证制度相互影响、共同演化，与《华盛顿协议》等国际工程教育专业认证体系形成呼应和对照。

欧洲工程教育认证网络和欧洲工程教育专业认证体系将工程教育的专业"认证"定义为："用一个程序来保证工程教育项目适合成为工程职业入门途径的初步结果"，认证针对的是单独的工程专业而不是针对院系或高等教

育机构。

欧洲工程教育专业认证体系将工程学位项目的产出分为六个方面：知识和理解、工程分析、工程设计、调查、工程实践和可迁移技能。除了上述六方面学习产出，欧洲工程教育专业认证体系还要求评估项目时至少考虑如下方面：需求、目标和产出、教育过程、资源和伙伴关系、对教育过程的评估、管理体系等。

3. 国际工程教育毕业生素质标准

在高等工程教育毕业生能力素质要求方面，《华盛顿协议》、ABET 均对毕业生素质要求进行了规定。表 3-3 为《华盛顿协议》的毕业生素质要求（李志义，2022），表 3-4 为 ABET 对毕业生的通用标准（彭熙伟 等，2021）。

《华盛顿协议》共 11 条，要求成员组织实现学习成果实质性等效。

表 3-3 《华盛顿协议》的毕业生素质要求

工程知识	利用数学、自然科学、计算与工程基础，以及专业性知识开发复杂工程问题的解决方案。
问题分析	利用数学、自然科学和工程科学的第一性原理，结合可持续发展的整体考虑，识别、表达、研究文献和分析复杂工程问题，以获得有效结论。
设计 / 开发解决方案	设计针对复杂工程问题的解决方案，设计满足特定需求的系统、部件或工艺，并恰当考虑公共健康和安全、全寿命成本、零净碳，以及资源、文化、社会和环境要求。
研究	利用研究方法对复杂的问题进行研究，包括基于研究的知识、设计实验、分析和解释数据，并通过信息综合得到合理有效的结论。
使用工具	针对复杂工程问题，开发、选择与使用恰当的技术、资源、现代工程工具和信息技术工具，包括预测与模拟，并能够理解其局限性。
工程师与世界	解决复杂工程问题时，分析和评估可持续发展对社会、经济、可持续性、健康和安全、法律框架和环境的影响。
伦理	运用道德原则，遵守职业道德、工程实践规范、国家法律和国际法，理解多样性和包容性的必要性。

个人与团队工作	在多样化和包容性团队及多学科、面对面、远程和分布式环境中，作为个人、成员或领导者有效地发挥作用。
沟通	就复杂工程活动与工程界及社会公众进行有效的包容性的沟通和交流，如能够理解、撰写有效报告和设计文档，进行有效的介绍，在此过程中考虑到文化、语言和知识的差异。
项目管理与财务	理解和掌握工程管理原理及经济决策方法，将其应用于自己的工作，作为团队成员或领导者应用于管理项目和多学科环境。
终身学习	认识到在最广泛的技术变革背景下，有必要并准备好和有能力：自主学习和终身学习，适应新技术和未来技术，进行批判性思考。

美国工程技术认证委员会（ABET）提出了7条毕业生标准。

表3-4 美国工程技术认证委员会（ABET）提出的毕业生标准

1.应用工程、科学和数学原理识别、阐述和解决复杂工程问题的能力。
2.考虑公共健康、安全和福祉，以及全球、文化、社会、环境和经济因素，应用工程设计得到满足特定需求的解决方案的能力。
3.与各种人员进行有效沟通的能力。
4.考虑工程解决方案对全球、经济、环境和社会的影响，在工程活动中意识到职业道德责任，做出明智判断的能力。
5.在由团队成员领导的团队中有效发挥作用，营造协作和包容的环境，建立目标，制订计划，安排任务并达成目标的能力。
6.开发和实施合适的实验，分析和解释数据，运用工程判断得出结论的能力。
7.根据需要采取适当的学习策略，来获取和应用新知识的能力。

（三）中国高等工程教育及其发展

自新中国成立以来，工程教育在我国不同的发展阶段都发挥了重要作用，为社会和经济发展做出了重要贡献。

目前，中国拥有世界上规模最大的高等工程教育，每年培养大量的工程技术人才，并且拥有最大规模的工业化实践，我国高等工程教育取得了令世人瞩目的成就。但也需要清醒地认识到，从世界范围来看，我国工程教育的质量仍有待提高。

面对世界科技的发展，在建设世界强国和提升国家创新能力的新形势下，中国高等工程教育也需要直面问题，有自己的发展方向与培养模式，继续借鉴国外优良经验，不断改革创新。

1. 中国高等工程教育简介

工程教育是现代教育的重要组成，工程教育的发展与国家科学技术发展水平和工业化发展的历史阶段密切相关，并对国家工业化和现代化进程有着至关重要的作用。中国现代工程教育从移植西方工业化社会的教育模式开始，国家目标和国家规划成为中国工程教育发展的直接动力和重要影响因素。

新中国成立之后，在中国工程教育发展史上，意义重大、影响深远的一个举措是1952年开始的院校调整。这个以苏联教育制度为蓝本，以"培养工业建设人才和师资为重点，发展专门学院，整顿和加强综合大学"的重大措施实施，构建起中国影响至今的工程教育体系。这种模式较好地配合了当时的工业化进程，但专业领域过于狭窄，使得学生很难适应发展迅猛的技术（王孙禹 等，2001）。

随着我国创新型国家发展战略的实施，我国工程教育迎来了难得的历史机遇。中国工程教育在"回归工程"思想的指引下进行了大量的改革与实践，建立了与国际接轨、具有中国特色的人才培养模式。教育目标从培养工程科学家转变为培养工程师，教学内容从学科体系转变为工程过程体系，培养制度从标准化培养转变为个性化培养，培养过程从传统教学转变为现代化教学（周绪红，2016）。

总体来看，中国工业和工程教育的发展如表 3-5 所示。

表 3-5 中国工业和工程教育的发展（王孙禺 等，2013）

年份	中国工业的演变	中国工程教育的演变
1911—1949 年	工业化发展迅速。到 1936 年，中国工业发展达到近代高峰，制造业资本比 1920 年增长了 2.4 倍；1937—1948 年，完成了第一次全国性的工业布局。国营工业开始占据主导地位，主要在兵器及相关重工业领域。	中国近代工程教育始于晚清洋务运动兴办的各种西式学堂；民国后，引入一些先进国家工科学校新课程；1922 年，中国学校教育制度由仿日转向仿美，工程教育开始兴起；30 年代至抗日战争结束，理、工、农、医等实科教育有了大幅度的发展和提升。
1949—1956 年	"一五"计划，156 项重点项目开始实施，97% 为重工业。基于备战需要，实施区域主要在东北地区、中部地区和西部地区。	按照苏联模式，"以培养工业建设人才和师资为重点，发展专门学院，整顿和加强综合大学"，以哈尔滨工业大学为建设试点，进行全国范围内的高等教育院系调整及教学体系改革。
1957—1965 年	"大跃进"、人民公社时期，"以钢为纲"，大炼钢铁，轻工业和重工业比例失调。	摆脱苏联模式，独立自主探索。两个特点：一是教育与生产劳动相结合的人才培养模式改革；二是教育规模超常规扩张，发展速度猛增。教育部制定了《教育部直属高等学校暂行工作条例（草案）》（简称"高教六十条"）。
1966—1978 年	大三线建设与产业布局调整。国家基础工业和国防工业得到了一定发展，核技术、人造卫星、运载火箭等尖端科学技术和大型工程取得丰硕成果。	"文革"时期工程教育激进变革，优先发展重工业，而在"备战、备荒、为人民"方针指导下，涉及国防和重工业的专业得到平稳发展。

年份	中国工业的演变	中国工程教育的演变
1979—2012年	1979—1996年，改革开放后制造业快速繁荣，中国制造业在国际分工中逐渐占有一席之地；1997年之后，我国新型工业化道路探索形成阶段，中国成为全球制造业的基地，制造业占GDP比重达到40%以上。此阶段的快速增长，以投资为导向，对外依存度很高，区域方面东南沿海远超东北、西部等地区。	改革开放30年，工程教育得到跨越式发展。1985年前，"拨乱反正"，恢复和整顿教育教学秩序；1985年，第一次全国教育工作会议召开，《中共中央关于教育体制改革的决定》颁布，工程教育发展呈现新面貌；2003年，教育部启动"高等学校教学质量和教学改革工程"，推动人才培养模式多样化；2010年，启动"卓越工程师教育培养计划"。
2014年至今	我国面临国际产业分工格局重塑，《中国制造2025》出台，指导中国制造业转变发展模式，引领世界制造业发展。	2013年，中国科协作为预备成员加入《华盛顿协议》，2016年转正，中国工程教育专业认证协会认证的中国大陆工程专业本科学位得到美、英、澳等《华盛顿协议》所有正式成员的承认。按照国际标准培养工程师，提高工程技术人才的培养质量。

2. 卓越工程师教育培养计划

2010年6月23日，教育部启动实施"卓越工程师教育培养计划"（简称"卓越计划"），对人才培养模式进行全方位改革。

（1）实施目标

"卓越计划"的主要目标是：面向工业界、面向世界、面向未来，培养造就一大批创新能力强、适应经济社会发展需要的高质量各类型工程技术人才，为建设创新型国家、实现工业化和现代化奠定坚实的人力资源优势，增强我国的核心竞争力和综合国力。以实施"卓越计划"为突破口，促进工程教育改革和创新，全面提高我国工程教育人才培养质量，努力建设具有世界先进水平、中国特色的社会主义现代高等工程教育体系，促进我国从工程教育大国走向工程教育强国。

（2）计划特点

"卓越计划"把培养具备国际视野，能够进行跨文化交流、合作和参与国际竞争的工程师作为重要内容，有三个特点：一是行业企业深度参与培养过程，二是学校按通用标准和行业标准培养工程人才，三是强化培养学生的工程能力和创新能力。

（3）主要做法

"卓越计划"是贯彻落实《国家中长期教育改革和发展规划纲要（2011—2020年）》《国家中长期人才发展规划纲要（2010—2020年）》的重大改革项目，是积极探索中国工程教育与国际工程教育接轨的有益探索。该项目旨在通过抓住工程教育的本质，创新工程人才培养模式，培养和造就一大批各类型高素质的"卓越工程师后备人才"。"卓越计划"人才培养模式的创新主要有以下几个方面。

①到企业去学习，在真实环境下培养卓越工程师。创立高校与企业优势互补、联合培养人才的新模式，学生在校学习分为校内学习和企业学习两个阶段。校内学习阶段，主要完成卓越工程师培养中的工程基础教育任务；企业学习阶段，主要完成卓越工程师培养中的工程职业教育任务。

②重构课程体系和教学内容。强化学生的工程实践能力、工程设计能力与工程创新能力，将"卓越计划"培养标准细化为知识能力大纲，重构课程体系和教学内容，将知识能力大纲落实到具体的课程和教学环节，包括：构建跨学科、交叉融合的课程体系，加强人文与社会科学课程学习，重视和加强实践教学环节，构建与国际接轨的课程体系和教学内容等。

③以学生为中心，着力推行研究性学习方法。开展教学方法改革，推行符合工程能力培养规律的研究性学习方法，确保学生的工程能力得以培养、训练、形成和提高。推行以学生为主体的研究性学习方法，使学生由被动接受者转变为主动参与者。将学习知识与研究问题相结合，使学生在学习工程学科知识的同时，训练研究和解决问题的能力，在思考、分析和探究问题的过程中获取、

应用和更新知识，在团队交流与合作、解决问题的过程中提升素养。

（4）"卓越计划"对工程思维的培养

卓越工程师的培养过程是一个基础知识与实践经验不断积累的过程。卓越工程师培养由学校教育、社会企业实践和个人的终身学习与积累三个部分组成，注重和培养学生的工程意识、工程实践能力、工程创新能力、良好素质基础与学习习惯。这其中，又以工程实践能力的培养为核心，分为工程思维能力、工程设计能力、工程操作能力、团队协作能力、表达沟通能力等。（吕迪，2017）

3."新工科"

（1）实施背景

我国传统工科教育存在一些弊端：人才培养目标定位不清晰，工科教学理科化，对于通识教育与工程教育、实践教育与实验教学之间存在模糊认识，工程教育与行业企业实际脱节太大，工科学生存在综合素质与知识结构方面的缺陷。教育部于2016年正式提出"新工科"概念，"新工科"的"新"相对于传统工科而言，对应的是新兴产业及其专业，如人工智能、智能制造、机器人、云计算等，也包括传统工科专业的升级改造。

"新工科"更强调学科的实用性、交叉性与综合性，尤其注重新技术与传统工业技术的紧密结合。相对于传统的工科人才，未来新兴产业和新经济需要的是工程实践能力强、创新能力强、具备国际竞争力的高素质复合型"新工科"人才。"新工科"人才不仅在某一学科专业上学业精深，而且还具有"学科交叉融合"能力；不仅能运用知识解决现有问题，还有能力学习新知识、新技术，去解决未来发展可能出现的问题，能够引领未来技术和产业发展；不仅技术上优秀，还懂得经济、社会和管理，兼具良好的人文素养。

（2）"新工科"新在哪里

①工程教育的理念新：大工程观、学生中心、成果导向、持续改进（"新工科"核心理念）、绿色工程教育、全面工程教育。

②学科专业的结构新：面向新经济发展需要、面向未来、面向世界，开展新兴工科专业的研究与探索，对传统工科专业进行更新升级。

③人才培养的模式新：深化产教融合、校企合作的体制机制和人才培养模式改革研究与实践。

④教育教学的质量新：多维度教育教学质量评价。

（3）"新工科"对工程思维的培养

注重培养学生支撑终身发展、适应时代要求的关键能力，是深化教育体制机制改革的新要求；培养工程人才关键能力是"新工科"人才培养的最终落脚点。应从工程人才关键能力与经济发展之间的适应、支撑、引领关系及工程人才关键能力与工程人才自身可持续发展之间的关系两个方面，把握工程人才关键能力的内涵。工程人才关键能力包含专业精神、专业能力、可持续发展能力等三个维度九项核心能力，具体划分为家国情怀、生态意识、职业道德、工程思维能力、工程实践能力、创新创业能力、终身学习能力、跨界整合能力、领导能力（吴涛 等，2018）。

"新工科"形势下，以培养学生的系统工程的思维模式和快速学习能力为核心，以实际工程项目、工程问题为牵引，创建问题情境，促进探究学习，带动学生工程思维能力的培养。让学生掌握以系统工程作为解决复杂工程问题的方法论，更适应快速发展的时代特征，解决多学科交叉的复杂工程问题（李金义 等，2018）。

4. 中国高等工程教育毕业生素质目标

中国工程教育专业认证协会建立了中国工程教育认证标准，规定了工程教育认证的通用毕业要求和各专业类补充要求。毕业要求具体描述了学生毕业时应该掌握的知识和能力，包括学生通过本专业学习所掌握的知识、技能和素养。中国工程教育专业认证协会指出，专业应有明确、公开、可衡量的毕业要求，毕业要求应支撑培养目标的达成。专业制订的毕业要求应完全覆盖以下内容，如表3-6所示（中国工程教育专业认证协会，2022）。

表 3-6　中国工程教育专业认证协会毕业要求

维度	要求
工程知识	能够将数学、自然科学、工程基础和专业知识用于解决复杂工程问题。
问题分析	能够应用数学、自然科学和工程科学的基本原理，识别、表达，并通过文献研究分析复杂工程问题，以获得有效结论。
设计／开发解决方案	能够设计针对复杂工程问题的解决方案，设计满足特定需求的系统、单元（部件）或工艺流程，并能够在设计环节中体现创新意识，考虑社会、健康、安全、法律、文化以及环境等因素。
研究	能够基于科学原理并采用科学方法对复杂工程问题进行研究，包括设计实验、分析与解释数据，并通过信息综合得到合理有效的结论。
使用现代工具	能够针对复杂工程问题，开发、选择与使用恰当的技术、资源、现代工程工具和信息技术工具，包括对复杂工程问题的预测与模拟，并能够理解其局限性。
工程与社会	能够基于工程相关背景知识进行合理分析，评价专业工程实践和复杂工程问题解决方案对社会、健康、安全、法律以及文化的影响，并理解应承担的责任。
环境和可持续发展	能够理解和评价针对复杂工程问题的工程实践对环境、社会可持续发展的影响。
职业规范	具有人文社会科学素养、社会责任感，能够在工程实践中理解并遵守工程职业道德和规范，履行责任。
个人和团队	能够在多学科背景下的团队中承担个体、团队成员以及负责人的角色。
沟通	能够就复杂工程问题与业界同行及社会公众进行有效沟通和交流，包括撰写报告和设计文稿、陈述发言、清晰表达或回应指令。具备一定的国际视野，能够在跨文化背景下进行沟通和交流。
项目管理	理解并掌握工程管理原理与经济决策方法，并能在多学科环境中应用。
终身学习	具有自主学习和终身学习的意识，有不断学习和适应发展的能力。

　　中国工程教育专业认证协会规定的毕业要求，与《华盛顿协议》、美国工程技术认证委员会规定的毕业生素质标准，虽然在表述上存在细微差别，但在学生的知识、能力和素质的静态标准与动态发展等方面，基本上是一致的。

二、中小学工程教育

（一）国外中小学工程教育

自 1986 年美国国家科学基金会（National Science Foundation，NSF）发布《本科科学、数学、工程教育》报告以来，以政府为核心的机构联合各州教育团体、社会组织、高校，动员全社会力量推动 STEM 教育的发展和实践，取得了一系列成效。但在其发展过程中，科学、数学、技术教育分别成为 STEM 教育的核心部分，工程教育却逐渐被边缘化，主要表现在民众对工程的认知水平和职业兴趣低。在 K—12 阶段，STEM 教育研究大多集中在数学和科学领域，技术和工程研究相对缺乏；在 STEM 教学中，数学、科学教育普遍受到重视和关注，而工程通常被忽视，教师对教授工程导向的课程也缺乏自我效能感，这在一定程度上影响了美国社会经济的发展。美国政府逐渐意识到了工程教育边缘化的问题，开始重视和大力推动 K—12 工程教育。

由美国国家工程院和国家研究委员会成立的"K—12 工程教育委员会"在 2009 年提出研究报告《K—12 教育中的工程：理解现状和提升未来》（赵中建，2017），明确指出在 K—12 阶段实施工程教育的重要性，以及在社会经济发展中的重要作用。这份报告的发布将美国社会对中小学工程教育的关注和重视程度提高到一个前所未有的高度。

随着国家和社会对 K—12 工程教育的重视程度逐渐提高，在中小学阶段开设工程课程成为不可阻挡的趋势。除美国之外，其他国家也相继制定了 K—12 教育阶段的工程教育项目或计划，可以看出，世界各国逐步开始重视中小学工程教育。各国 K—12 阶段工程教育项目与计划如表 3-7 所示。

表 3-7　世界各国 K-12 阶段工程教育项目与计划（刘华　等，2014）

美国	K-12 STEM 教育中的工程教育
英国 / 威尔士	普通工程教育证书
澳大利亚(新南威士士州)	工程学习高中毕业证
德国	初级工程师教育
法国	普通高考、工程科学系列；技术高考、科学系列和工程技术
荷兰	技术、研究与设计
哥伦比亚	工程科学系列（小科学家）

　　为了推进中小学工程教育实践，各国际组织也积极探索工程教育相关的标准。国际学生评估项目 PISA（Programme for International Student Assessment）科学组主席罗杰 2011 年开始聚焦基础教育阶段工程教育标准的研究，并为工程教育标准的制定提出了一系列策略。美国国家研究委员会相继发布《K—12 科学教育框架》（A Framework for K-12 Science Education）、《新一代科学教育标准》（Next Generation Science Standards，NGSS），之后美国国家评估管理委员会和教育部联合公布了《技术与工程素养框架》，对学生技术与工程方面的知识和技能应达到的水平做出了具体要求。国际技术与工程教育家协会（International Technology and Engineering Educators Association，ITEEA）是美国最大的技术和工程教育协会，致力于提高 K—12 阶段学生的技术、创新、设计和工程技能，于 2020 年发布了《技术与工程素养标准：技术和工程在 STEM 教育中的作用》（Standards for Technological and Engineering Literacy，STEL）文件，全面阐述了 K—12 阶段技术与工程素养标准。

　　可以看出，国际上对中小学工程教育的重视，逐步从认识层面发展到实践项目和标准层面，为我国中小学工程教育的落地实践提供了有力参考，值得国内中小学工程教育实践借鉴。

（二）国内中小学工程教育

在基础教育阶段培养学生的工程意识、工程能力，既是我国教育体系中工程教育的底层架构，也是高等工程教育的基础和前提。不同于高等工程教育更多注重工程人才实践能力的培养，中小学阶段的工程教育更加注重培育中小学生对工程的基本认识、对工程的兴趣、对工程职业的向往以及动手设计能力。中小学工程教育是高等工程教育的基石，其教育质量影响着高等工程教育的可持续发展。综观我国工程教育相关研究，大多聚焦于高等工程教育，中小学工程教育研究较少。因此，中小学工程教育实践应引起研究者足够的重视。

近年来，国内在中小学工程教育方面开展了一些探索，《义务教育科学课程标准（2022年版）》和《普通高中通用技术课程标准（2017年版2020年修订）》均有相关内容涉及。由上海现代工程与技术教育发展研究中心起草的《2018年中小学工程与技术教育蓝皮书》分析了国际中小学工程与技术教育的现状，深度解析了英国和美国的中小学工程与技术课程。蓝皮书指出，中小学工程教育是在基础教育阶段对中小学生实施的有关工程方面的知识学习和安排的实践活动，强调工程设计过程的体验，体现科学、技术等知识的运用，以及工程思维习惯的养成。当前国内中小学工程教育基本缺失，中小学工程与技术教育的社会联动机制不够健全，也缺乏社会支持力度。学生在中小学阶段与企业、工厂接触的机会非常有限，在考试的压力下社会实践时间被压缩，学生很难在真实场景中实践工程与技术课程中学到的知识和技能，也就很难产生对未来工作场景的憧憬。

开展中小学工程教育，既要充分理解其时代背景和现实需求，又要深刻认识其蕴含的丰富的育人价值。工程教育不仅在培养学生技术意识、工程思维、创新设计能力等方面具有独特的价值，而且在培养学生解决复杂问题能力、团队合作能力、沟通能力，以及生涯发展规划等方面具有重要的作用。中小学技术与工程教育还是弥补现有基础教育课程结构性缺陷的重要举措。现有基础教育课程以知识性课程为主，缺乏应用性、实践性课程，应用学习、设计学习、项目式学习、操作学习等指向问题解决、注重培养学生实践应用能力的学习方式过少。从课程结构上来说，普通高中阶段已设立了应用性特征明显的通用技术课程，然而义务教育阶段还缺乏与之相应的课程。因此，在中小学开展工程教育，可以基于情境考虑问题，设想多个解决方案以及创新的流程、方法和设计，系统思维和基于权衡地决策，评估解决方案的影响，有效地进行团队合作和沟通，打造培养学生创新思维和创造力的训练场。通过高校与中小学深度融合，并吸收各种社会资源，共同丰富面向中小学的工程教育资源。（邢志强 等，2021）

伴随着工程教育改革的开展以及 STEM 教育理念的提出，越来越多的国家认识到中小学工程教育的重要性，纷纷采取相关措施加以落实（时慧 等，2019）。我国对中小学技术与工程启蒙教育的探索，既要基于对国际教育发展趋势的把握，更要基于对我国教育发展需求的分析。在目标和内容建构上，既要积极吸取国际上技术与工程教育的先进经验，更要做更多本土化的探索，因此构筑以培养工程设计、基础知识、工程思维为原则的中小学工程教育体系显得尤为重要。

在 2022 年 4 月发布的义务教育课程方案和各学科课程标准中，与中小学工程教育相关的课程模块包括：

（1）中小学科学；

（2）中小学劳动教育；

（3）初中信息科技；

（4）学科教学中的跨学科教学（2022 年版课程标准要求，语文、数学、物理、化学、生物学等学科，除正常的学科教学外，也要求拿出 10% 的时间开展跨学科教学）。

在学习和生活中，学生们遇到的问题是丰富多样的，涉及多方面的知识，问题的解决更加系统、复杂，跨学科的教育能够助力培养学生的工程思维，系统解决实际问题。

三、工程思维培养模式

（一）基于 CDIO 的培养模式

CDIO 代表构思（conceive）、设计（design）、实施（implement）、运行（operate），是由美国麻省理工学院、瑞典皇家工学院、瑞典查尔摩斯工业大学和瑞典林雪平大学共同创立的工程教育改革模式。CDIO 改革是基于 CDIO 理念而建立的国际工程教育改革合作计划，包括 CDIO 理念和与之相适应的学习目标（教学大纲）、实现与评估标准以及一系列的规划、设计、实施、评估理论和实践资源。CDIO 改革的愿景是为学生提供一种在实际系统和产品"构思—设计—实施—运行"的背景环境下，强调工程基础的工程教育，使学生能够掌握深厚的技术基础知识，领导新产品和新系统的开发与运行，理解工程技术的研究与发展对社会的重要性和战略影响。

CDIO 培养模式让学生以主动的、实践的、课程之间有机联系的方式学习和获取工程能力，包括个人的科学和技术知识、终身学习能力、交流和团队工作能力，以及在社会及企业环境下建造产品和系统的能力，此模式符合工程人才的培养规律。在构思阶段，包括确定客户需求，考虑技术、企业战略和有关规定，确定开发理念和商业计划；在设计阶段，集中在创建设计，包括计划、图纸、过程和系统实施的方法与算法；在实施阶段，即完成从设计到产品的转变过程，包括硬件制造、软件编程、测试和验证。

CDIO 于 2005 年引入国内，结合高等工程教育改革进行了很多探索，在培养学生工程知识、工程技能、创新意识、团队协作能力等方面发挥了重要作用。近年来，该模式也在小学机器人教学中得到初步探索和应用，如图 3-1 所示（李修元，2020）。

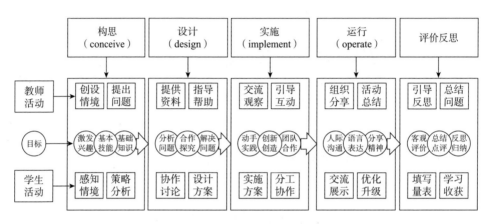

图 3-1　基于 CDIO 的小学机器人教学模式

基于 CDIO 的工程思维培养目标，就是要培养工程师"做事"和"做成事"的能力。其根本理念是通过创新教学方案设计，让教师摒弃传统、固化的教学方式，通过开放式、启发式教学，引导学生创新思考和自主式学习，激发学生兴趣和创造力。通过选择有代表性的、与实际工程有关的项目，围绕项目训练基本能力，依照认知规律构建学习模块，探索"做中学，以项目为导向"的培养新模式，通过项目任务整合和优化教学流程，达到提升学生实践创新能力的目标。

具体来看，基于 CDIO 的工程思维培养模式的特点是：

（1）将工程职业环境作为工程教育的环境；

（2）结合工程实践培养能力，而不仅是讲授知识；

（3）以产业需要的能力素质为目标，制订课程体系；

（4）结合工程实践关联课程，打破学科导向。

基于 CDIO 的工程思维培养模式充分体现了"做中学"思想。结合学生学情，在理论知识和工具使用的基础上，教师提供几个层次的可选项目，让学生自主选择，组成课题小组。教师的角色，是进行总体把握和引导提示，让学生独立思考、自主实践。项目开展前期，学生需要进行专利查找、文献阅读，了解项目的重难点及设计的步骤和要素，评估任务和工作量；在确定项目任务的基础上，结合团队人员构成，进行协作分工。教师设计的项目难度不能远远超出学生的能力与认知范围，否则学生就会产生畏难情绪，但也不能过于简单，那样就无法体现工程教育的目标要求。在工程项目开展过程中，要引导学生以小组为单位，积极主动、创造性地完成项目分析、方案设计和方案实施。在项目完成之后，每个小组提交可行性报告、设计方案和项目成果，并以小组为单位进行答辩，教师对各项目方案给出评价及指导建议。

（二）基于学习成果的培养模式

基于学习成果的培养模式（outcomes-based education，OBE）重视毕业生品质，围绕预期学习成果开展教学活动，重视学生学习产出的评估工作，实现了教育范式由"内容为本"向"学生为本"的根本转变。在理念上，OBE 是一种"以学生为本"的教育哲学和教育观，项目式学习和 CDIO 等培养模式都受到 OBE 的影响；在实践上，OBE 是一种聚焦于学生受教育后能获得什么能力和能够做什么的培养模式。一切教育活动、教育过程和课程设计，都围绕实现预期的学习结果来进行。

自 20 世纪末美国工程技术认证委员会颁布了重视 OBE 的工程标准 EC2000 认证标准后，其他国家和地区效仿美国，改革了认证标准，并将 OBE 作为一项重要的质量准则。我国台湾地区在高等教育领域构建了基于学生学习成果的认证模式，台湾和香港地区高校已将 OBE 付诸工程教育实践，大陆的很多高校和中小学也积极开展了 OBE 教育实践探索。开展 OBE 教育实践，需要回答以下四个核心问题：

①要学生学习什么，掌握什么？

②为什么要让学生学习这些内容？

③如何帮助学生取得这些学习结果？

④如何有效地知道学生是否取得了这些学习结果？

因此，OBE不仅强调以学生为中心，还要以认证和评价的方式强调教育体系的持续改进，这也是培养学生终身学习能力的重要途径。

传统教育以教师为中心，学生以学习知识为主，高阶思维能力难以得到较好的培养。OBE以学习者的学习成果为目标，围绕学习成果开展教学活动，从学生要学什么、为什么要学、如何学几个根本问题出发，重视学生学习成果评估，以及以其为最终目标的教育模式的持续改进。研究和实践表明，OBE模式在学生技术意识、创新设计能力等工程思维能力的培养方面具有独特的优势。

（三）基于"6E"的培养模式

基于"6E"的培养模式，是指在"5E"的基础上，加入新的元素和环节而形成的培养模式。"5E"指的是：参与（engagement）、探究（exploration）、解释（explanation）、迁移（elaboration）、评价（evaluation）。基于"6E"的培养模式是在"5E"模式基础上，结合《新一代科学教育标准》和国家工程教育规划和要求，不断进行迭代和完善，将"工程设计"的理念与实践融入"5E"科学探究模型中，将第六个E定义为"工程"，最终形成的培养模式，如图3-2所示。

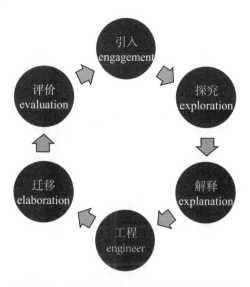

图3-2 基于"6E"的工程思维培养模式

基于"6E"的培养模式比较符合现阶段我国"科—工"整合的思路,是在"5E"模式(科学教育模式)基础上,探索的适合开展工程教育的模式。这种模式在原有重视科学探究的基础上,引入"设计—再设计"过程,使得系统思考问题、通过工程实践综合运用跨学科知识分析问题、反思科学探究的结果和构建科学解释成为可能。

谢丽、李春密等人提出,"6E"不仅将"工程"并入到"5E"模式中的"解释"之后,而且关注以学生为中心,通过需要动手操作的工程设计挑战,将"科学探究"和"工程实践"(工程情境、工程概念、工程设计)进行有机融合而开展教学。同时,以工程设计流程作为课程设计的主轴,让学生在"需要知道"和"需要做"、"设计"和"再设计"的双循环模式中,分析工程情境中的问题,判定限制条件,进行工程设计和展开科学探究,在这个过程中,主动应用科学、技术、数学等跨学科知识,解决实际的工程问题。这种模式可以作为落实整合性 STEM 教育的有效课程设计模式(谢丽 等,2017)。

Burke 对"6E"工程思维培养模式各环节进行了详尽的说明,并列出了各个环节的意图及教师活动、学生活动,如表 3-8 所示。

表 3-8　基于"6E"的工程思维培养模式的主要环节（Burke，2014）

阶段	意图	教师活动	学生活动
引入	激发学生兴趣和动机；提升学习参与度。	预告课程内容，让学生对后续课程有初始概念；引导学生将已有的知识和经验与当前的任务建立连接。	明确课程的学习目标，回顾相关的概念；确认已知道、要知道和想学习的内容，熟悉教材和设备。
探究	为学生提供构建自我知识体系、理解分析和动手操作的机会；开展基于问题的探究，建立学科之间的联系。	向学生提供材料；指导学生开展探究活动。	对概念进行概括，参与探究活动；对给定的设计任务进行假设、检验、得出结论。
解释	给予学生反思、解释、修改和精细化所学知识的机会。	介绍系统化概念，重述设计过程；通过诘问，引导学生进行交流、讨论，更正迷思概念；促使学生将所学概念与具体情境相联系。	运用概念和原理，详细解释自己的设计方案和制作过程。
工程	向学生提供将所学科学、数学知识和技术应用到实践中的机会。	向学生提供工程设计所需的必要资源和支架；使学生更加深入地了解问题的核心。	学习并应用工程概念、工程设计流程；应用设计的概念、原理和理论，进行决策改良和设计方案优化。
迁移	引导学生对所学知识进行深度探索；通过工程概念在复杂问题中的应用，实现知识和技能的迁移。	提出新问题或新情境；向学生提供新应用的材料资源。	将原来的方案进行延伸和拓展，运用到新的情境中，依据讨论的结果，进行模型制作与测试。
评价	根据评价标准，对学习效果进行检测和评估。	使用多样化评价工具，对学生进行形成性、总结性评价。	发展对工程概念、设计、模型、资源、系统的理解，完成形成性、终结性评价。

综上所述，从教学目标来看，基于"6E"的培养模式比较符合我国现阶段相关课程标准对人才培养的要求，契合现阶段我国工程教育改革思路，以及"通过整合性 STEM 教育将工程教育融入中小学"的教育模式探索诉求，为工程思维的培养提供了思路。

（四）基于项目的学习模式（PBL）

基于项目的学习模式（project-based learning，PBL），也称项目式学习，是一种新型的教学方式，具备产品引领、情境真实、整体系统、团队协同、渐进探究的项目特质（卢小花，2020）。基于项目的学习模式是工程教育常用的教学模式，即给学生一个包含较为复杂的问题的真实情境，让其通过确定问题、制订计划、查阅资料、选择工具、小组协作、沟通交流，经历较长时间的学习和研究，完成针对具体问题解决的研究报告，实现原型产品制作，并通过反复迭代，直至形成商业化产品，如图 3-3 所示。在这个过程中，学生的思维表达能力、沟通协作能力、项目管理能力与实践创新能力均能得到提高。

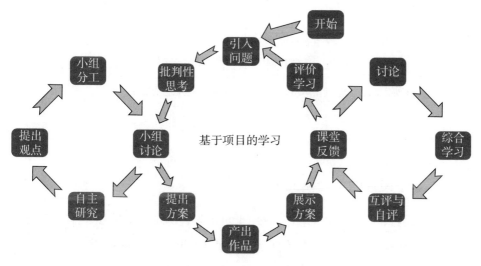

图 3-3 基于项目的学习流程（杨洋，2018）

在工程教育中，基于项目的学习模式对于引导学生理解理论知识非常有效。这一方法如何在学校教育中实施呢？德国大学的习明纳教学法可以看成项目式教学的起源，在这种教学方式下，学生们单独学习或形成小组，开展实验、调查、分析等工作，解决问题，并形成报告。

美国的欧林工程学院是 1997 年成立的一所私立本科工程大学，其课程体系以实践学习项目和设计项目课程为主。欧林工程学院是美国近几十年来最大胆的工科教育改革示范，其理念是优秀的工程师要像外科医生一样，接受大量的实战训练，使天赋较好的适龄青年掌握超乎一般学校的知识和能力。在具体做法上，把项目式教学完全落实到日常教学中，以项目制开展的课程占比超过 70%。欧林工程学院是一个小规模的精英学校，它坚持只办本科，学生总规模不到一千人。学院成功的关键在于选择优质生源，学生进校后则公平施教。通过项目训练，追求个人潜力的充分发挥，使其在本科阶段就达到卓越水平。欧林工程学院课程的特点：第一，学生入校第一天就接触到工程问题，而不是等学完一年或更长的数理课程后；第二，以学生为中心，学生也是欧林教学改革实验的联合创始人；第三，多学科融合以及团队合作精神培育；第四，设计课程数量多；第五，注重领导力培养。通过采用项目式学习，实现工程教育的培养目标。

基于项目的学习能够将工程思维培养渗透到项目学习的各个方面。基于 CDIO 及 OBE 的培养模式，在具体实施过程中，可与项目式学习有机结合，通过选取有实际工程背景的项目，来培养学生的工程思维。

（五）基于设计的学习模式（DBL）

基于设计的学习（design-based learning，DBL）是近几年工程教育中较受推崇的一种学习方法，其本质仍属于基于项目、基于问题的学习。这种关于设计的学习策略由美国加州理工大学多林·尼尔森提出。美国佐治亚大学克罗德纳提出 DBL 双循环模型（如图 3-4 所示），经过不断实践，形成了较为完善的理论体系与实践方案。

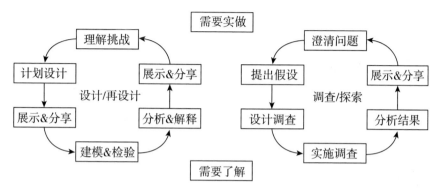

图 3-4　DBL 双循环模型（杨洋，2018）

基于设计的学习是一种融合探究活动和设计实践的学习模式，教师提出设计型学习挑战，学习者经过反复探究、设计，完成面向真实情境的项目，形成学习成果。这个过程包含三个核心要素：迭代化的学习过程、有效的团队协作和实物化的学习成果。

设计是面向真实情境的问题解决过程，这一过程从来都不是一蹴而就的，而是需要多次的迭代。迭代，既能实现设计作品的精细化，又能促进学习者更加熟练地掌握与应用知识。此外，设计离不开有效的团队协作，团队协作为学习者交流思想、分享观点、相互学习提供了可能，有助于促进学习者建构共同的学习经验。关注人工制品的制作是基于设计的学习模式的一个典型特点，学生在设计完成真实的人工制品的过程中，将创造性的观点实物化，以此提升知识的实践运用能力，以及批判性思维能力。

一些科学探究方法本身就可以支持工程设计活动，如某些数学概念和技术方法在分析与建模时能支持工程设计，技术概念能够展示工程设计的结果等。因此，结合科学探究和工程实践的基于设计的学习模式，为培养学生工程思维的学习活动框架研究提供了重要的理论基础。

本章回顾与反思

1.国际高等工程教育主要有哪些模式?

2.请谈谈你对国际中小学工程教育相关标准的认识和思考。

3.工程思维培养模式有哪些? 你在教学中用过哪种教学模式? 试举例说明。

策略篇

策略是解决问题的基本过程和主要方法。本篇致力于帮助一线 STEM 教师了解和掌握基于核心素养发展目标培养工程思维的基本实施策略，以及开展工程思维培养需要具备的资源条件等。

第四章 基于核心素养的工程思维培养实施

工程思维培养目标

工程思维培养流程

工程思维培养教学策略

工程思维培养教学工具

工程思维培养教学条件保障

随着工程思维教育在国内外中小学越来越引起教育研究者及实践者的重视，如何基于国内的工程思维培养目标提出工程思维实践策略显得尤为重要。

　　本章结合前面对中小学工程思维培养现状的分析，提出基于核心素养的工程思维培养实施策略，重点阐述了工程思维培养目标、培养流程以及教学策略，并在此基础上结合实践提出工程思维培养的教学工具以及教学条件保障，以期为国内的工程思维培养实践提供参考。

本章学习目标：

1.了解基于核心素养的工程思维培养模式及流程。

2.熟悉培养工程思维的教学工具、实施条件。

3.掌握工程思维培养的教学策略。

一、工程思维培养目标

（一）国外中小学工程思维培养目标

自 2011 年开始，美国发布的《K—12 科学教育框架》《新一代科学教育标准》反复强调科学与工程实践、跨学科概念以及学科核心概念三个维度；提出工程实践的过程模式为：提出并定义问题，开发模型，实施计划与研究，分析与数据解释，运用数学、信息及计算机技术，解释并设计解决方案，参与论证，交流与评价。

2014 年，美国国家评估管理委员会和教育部联合公布了《技术与工程素养框架》，对学生技术与工程方面的知识和技能应达到的水平给出了具体要求。美国工程与技术教育委员会认为，可以通过工程设计挑战过程发展工程思维。该过程包括 9 个步骤，分别为：明确需求或问题、分析需求或问题、设计可能的解决方案、选择最佳的解决方案、搭建原型、测试和评价解决方案、交流解决方案、优化设计与完成设计。

2020 年 7 月，国际技术与工程教育家协会发布了《技术与工程素养标准：技术和工程在 STEM 教育中的作用》文件，全面阐述了 K—12 技术与工程素养标准。该标准的基本结构包括三层：第一层为八个核心学科标准，第二层为八个技术与工程实践，第三层为八个技术与工程环境，并且定义了不同年级所应达到的标准。

八个核心学科标准具体为：

①技术与工程的本质和特点；　　②技术与工程的核心概念；

③知识、技术和实践的融合；　　④技术的影响；

⑤社会对技术发展的影响；　　⑥技术史；

⑦技术与工程教育中的设计；　　⑧应用、维护和评估技术产品与系统。

八个技术与工程实践具体为：

①系统思考；　　②创新；

③制作；　　④批判性思考；

⑤乐观；　　⑥合作；

⑦沟通；　　⑧关注伦理。

八个技术与工程环境具体为：

①计算、自动化、人工智能和机器人技术；　　②材料转换与加工；

③运输与物流；　　④能源与动力；

⑤信息与通信；　　⑥建筑环境；

⑦医疗和卫生相关技术；　　⑧农业和生物技术。

可以看出，国际上对技术和工程素养有一定的共识，从学科标准、实践和环境三个维度均给出了较为详细的目标和标准。

（二）国内中小学工程思维培养目标

当前我国工程教育主要集中在普通高等教育和职业教育阶段，中小学阶段涉及较少，虽然有相关的课程标准，但大多数学校开展工程教育的情况不理想。目前在我国基础教育阶段，工程教育主要涉及的课程有中小学科学、中小学综合实践活动、高中通用技术等，在新的劳动教育课程中也有所体现，相应的课程标准均对工程思维培养这一目标有所回应。

《义务教育科学课程标准（2022年版）》指出，科学课程目标之一是培养学生的探究实践能力。探究实践主要指在了解和探索自然、获得科学知识、解决科学问题，以及技术与工程实践过程中，形成的科学探究能力、技术与工程实践能力和自主学习能力。其中技术与工程实践能力体现在：了解技术与工程实践的一般过程和方法，针对实际需要明确问题，提出有创意的方案，并根据科学原理或限制条件进行筛选；实施计划，利用工具和材料进行加工制作；根据实际效果进行修改迭代；用自制的简单装置及实物模型验证或展示某些原理、现象和设想。

表 4-1 展示了《义务教育科学课程标准（2022 年版）》中与工程技术相关的核心概念及学习内容。

表 4-1 《义务教育科学课程标准（2022 年版）》中技术与工程核心概念及学习内容

核心概念	学习内容
12. 技术、工程与社会	12.1 技术与工程创造了人造物，技术的核心是发明，工程的核心是建造 12.2 技术与工程改变了人们的生产和生活 12.3 科学、技术、工程相互影响与促进
13. 工程设计与物化	13.1 工程需要定义和界定 13.2 工程的关键是设计 13.3 工程是设计方案物化的结果

我国《普通高中通用技术课程标准（2017 年版 2020 年修订）》把工程思维列为学科核心素养之一，提出工程思维是以系统分析和比较权衡为核心的一种筹划性思维。该标准对学生的要求是：能认识系统与工程的多样性和复杂性；能运用系统分析的方法，针对某一具体技术领域的问题进行要素分析、整体规划，并运用模拟和简易建模等方法进行设计；能领悟结构、流程、系统、控制等基本思想和方法并加以运用；能进行简单的风险评估和综合决策。标准中对工程思维学科核心素养进行了 5 个水平层次划分（见表 4-2）。

表 4-2 《普通高中通用技术课程标准（2017 年版 2020 年修订）》工程思维素养水平划分

水平	工程思维
水平 1	能通过经历技术设计的一般过程，初步进行设计方案的多因素分析，了解比较、权衡、优化等系统分析的方法；通过常见典型的技术系统案例分析，感知系统和工程现象，理解系统的基本特性，考察并解释输入、过程、输出及各种因素是如何影响系统的，形成初步的工程意识与思维。

水平	工程思维
水平2	能结合系统设计案例的分析，总结归纳出系统设计的方法，并能运用系统、结构、流程、控制等原理和系统分析方法，进行简单的技术设计活动，尝试解决技术问题；能确定一个生活或生产中的简单现象，分析影响系统的因素，尝试通过改变输入、过程、输出、反馈和干扰等对系统进行优化设计。
水平3	能就某一具体技术领域中明确的技术问题，运用系统分析的方法，识别技术问题的特性和细节，明确制约条件和各种影响因素，提出可能的解决方案；在进行简单的技术方案设计时，尝试运用模拟试验或数学模型来考虑各种影响因素，并进行决策分析和性能评估。
水平4	能就某一技术领域中较为复杂的问题情境，运用系统分析的方法将任务具体化，形成可能的解决方案，并能不断优化改进；能初步运用简单的模拟试验或数学模型对某一技术方案做出性能和风险评估，发展工程思维。
水平5	能整合运用科学、技术、数学、工程等方面的知识，综合多个技术领域进行系统分析和方案设计；运用模拟试验或数学模型评价设计方案，通过趋势分析、风险评估等对其进行优化和改进。

此外，中小学工程教育也是当下推进劳动教育的重要路径。在人工智能时代，劳动教育不应仅仅局限于简单的体力劳动，而应追求创造性劳动。从劳动教育培养学生热爱劳动、形成职业意识的角度来说，中小学工程教育涉及的领域广泛，是引导学生生涯发展与规划的重要手段。《义务教育劳动课程标准（2022年版）》规定，劳动课程要培养的核心素养，即劳动素养，主要是指学生在学习与劳动实践过程中逐步形成的适应个人终身发展和社会发展需要的正确价值观、必备品格和关键能力，是劳动课程育人价值的集中体现，主要包括劳动观念、劳动能力、劳动习惯和品质、劳动精神。

义务教育劳动课程具有鲜明的思想性、突出的社会性和显著的实践性，是实施劳动教育的重要途径，对学生树立正确的劳动价值观、形成必备劳动能力、养成良好劳动习惯和品质、培育积极劳动精神发挥着不可替代的重要作用。学生通过劳动课程学习，形成基本的劳动意识，树立正确的劳动观念；发展初步的筹划思维，形成必备的动手能力；养成良好的劳动习惯，塑造基本的劳动品质；培育积极的劳动精神，弘扬劳模精神和工匠精神。

2022年颁布的义务教育课程标准在目标上更加关注学生的思维能力、实践能力、协作精神和创新能力等核心素养。在劳动实践中，其目标与工程思维息息相关。例如，在劳动课标中强调发展学生初步的筹划思维，形成必备的劳动能力。让学生能从目标和任务出发，系统分析可利用的劳动资源和约束条件，制订具体的劳动方案，发展初步的筹划思维，发展基本的设计能力；能使用常用工具与基本设备，采用一定的技术、工艺与方法，完成劳动任务，形成基本的动手能力；能综合运用多学科知识和多方面经验解决劳动中出现的问题，发展创造性劳动的能力；在劳动过程中学会自我管理、团队合作。这些与工程思维中强调的工程实践能力相呼应。

综上可以看出，工程教育越来越受到中小学的重视，但目前针对中小学工程思维培养的教学实践还远远不够。工程教育是培养工程能力和工程思维的重要途径，是联结人文社会与科技创新的桥梁。中小学STEM教育是大学工程教育的基础，要支持学生尽早地接触工程概念的信息和资源，从小培养学生对工程的兴趣和工程能力，为工程素养的发展奠定良好基础，使学生形成初步的工程观念、工程设计能力以及工程思维习惯，为未来人生和职业发展奠基。

（三）基于核心素养的中小学工程思维培养目标

国内外不同教育政策和文件对中小学工程思维培养目标提出了相应的标准，这为国内中小学工程思维培养目标的制定提供了参考。

美国21世纪技能合作组织提出了新世纪人才应具备的技能和标准，其中涉及学习和思维方面的技能主要有：批判性思维和解决问题的能力、沟通交流、创造力与创新、协作、情境学习、信息和媒体素养等（Mishra et al.，2011）。芬兰从2014年开始，将教育目标定位为以横向能力为代表的学生素养的培养：如多元素养、信息素养等（Vahtivuori-Hänninen et al.，2014）。

中国也于 2016 年发布了中国学生发展核心素养总体框架，强调学生文化、成长和社会技能等方面的发展。学生发展核心素养，主要是指学生应具备的，能够适应终身发展和社会发展需要的必备品格和关键能力,综合表现为学会学习、健康生活、责任担当、实践创新、人文底蕴和科学精神（核心素养研究课题组，2016）。图 4-1 所示为中国学生发展核心素养整体框架。

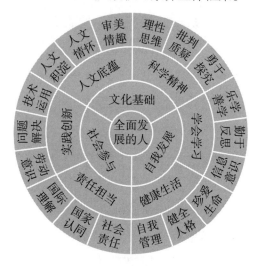

图 4-1　中国学生发展核心素养整体框架

未来社会对人才的需求，使人们更加关注对社会竞争和生存中所需要的学习能力、信息素养、创新能力、分析问题能力、解决问题能力、职业素养、科学素养、沟通交流与协作能力的培养。随着科技的进步，人们逐渐发现相比于科学和数学，工程与技术可以更加直接地作用于人类社会。因此，工程思维的培养成为核心素养培养不可分割的一部分，突出体现在核心素养中"实践创新"部分。华南师范大学左璜老师在探讨"课程修订如何落实中国学生发展核心素养"时解读了核心素养各个维度的基本要点及其在中小学阶段的主要表现，对"实践创新"这一维度的解读如表 4-3 所示。在每个基本要点的表现中均有提及工程思维培养的相关目标，尤其是在"技术应用"中提及学生应该学会使用工具，具备工程思维，综合运用科学、技术、工程、数学等学科知识，动手改造或创造有形物品。

表 4-3　核心素养"实践创新"的基本要点及中小学阶段主要表现

核心素养	基本要点	小学阶段主要表现	初中阶段主要表现
实践创新	劳动意识	知道劳动的意义，尊重劳动者及其劳动成果； 具有积极的劳动态度，乐于参加劳动，形成良好的劳动习惯； 掌握基本的劳动技能； 主动参与劳动，能够设法提高劳动效率； 了解劳动须遵守的道德规范，理解劳动是创造成功生活的基础，学做诚实合法的劳动者。	崇尚劳动、尊重劳动，懂得劳动最光荣、劳动最崇高、劳动最伟大、劳动最美丽的道理； 养成良好的脑力劳动和体力劳动的习惯； 掌握各种劳动技能，积极参与多种形式的劳动，能够开展创造性的劳动，具有提高劳动效率的意识和方法； 在参与各种形式的劳动中形成诚信意识。
	问题解决	喜欢提问，乐于探寻问题的答案； 能够发现学习和生活中的问题，清晰地表述问题，并主动探寻问题的答案； 知道一个问题可以有不同的解决方法，在成人的指导下根据特定情境和具体条件选择适当的方法，并制订解决问题的方案； 在实践中实施问题解决的方案，并检查问题是否得到解决。	能在生活和学习中主动发现并提出问题，能用合理的方式表述并呈现问题； 能遵循一定的规范流程，综合运用各种学科知识解决问题； 能在较为复杂的情境中自主分析和判断形势，并展开合理的行动。
	技术应用	了解日常生活、社会和工业生产中的技术，理解技术对人、社会与环境的影响，学习使用生活和学习中常用的工具与设备，初步具备负责任地使用技术的意识； 使用不同的材料，用简单的技术进行创造，或对已有物品进行改进与优化。	认识和理解技术对人类文化的关系，具有强烈的学习技术的兴趣； 初步具备工程思维，综合运用科学、技术、工程、数学等学科知识，动手改造或创造有形物品。

综合分析上述内容，可以发现不同学段的工程思维培养目标有所不同。

➢ 小学阶段，学生需要在教师的指导下产生一些想法。随着课程的深入，他们要能够自主地进行思考并产生想法，表达自己的设计细节，并逐步学会使用制作过程中所需要的工具，能够对自己的作品提出改进意见。

➤ 初中阶段，随着文化知识不断丰富，参加各种社会实践活动逐渐增多，学生综合能力不断提高。他们的思想更加成熟，设计更加新颖，能够以全新的方式理解他人的设计。这一阶段的工程与技术教育，要鼓励学生在资料收集、调查、分析的基础上，根据他人的需求以及可行性，做出自己的设计方案；能够以更广阔的视野，设计并制作出对人们生活有帮助的作品；能够及时处理设计和制作过程中出现的各种问题。

➤ 高中阶段的工程与技术教育旨在通过跨学科知识的融合，培养学生的科学探究能力和问题解决能力。同时，通过通用技术学科的学习，提高学生技术意识、工程思维、创新设计、图样表达、物化能力五个方面的核心素养。

为了促进中小学一线教师根据教学目标更好地进行工程思维培养的教学设计，本书借鉴中国学生发展核心素养框架，结合国内外工程教育的基本目标，提出了"基于核心素养的工程思维培养目标"，细分为"工程创造意识""工程问题解决"和"工程技术应用"三个维度目标，如图4-2所示。

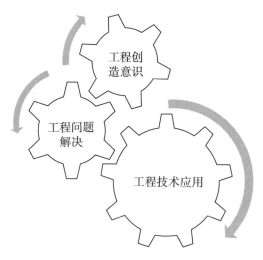

图 4-2　基于核心素养的工程思维培养目标

（1）工程创造意识

工程创造意识指学生在创造性劳动价值观的引导下，能够崇尚劳动，具备负责任地使用技术的意识，能够通过动手实践的方式掌握各种工程技能，开展创造性活动，养成良好的工程创造习惯，发展工程创造的意识和方法。

（2）工程问题解决

工程问题解决指学生能够发现并主动提出学习生活中的问题，能够主动寻找问题的答案，遵循一定的规范流程综合运用各个学科知识，通过工程的方式来解决问题，并最终以合理的方式表述和呈现该过程。

（3）工程技术应用

工程技术应用指学生在学习实践过程中能够学习使用常用的工具设备，使用不同的材料，用简单的技术进行创造，具备工程思维，能够综合运用科学、技术、工程、数学等学科知识动手改造或创造物品设备。

基于核心素养的中小学工程思维培养目标从工程创造意识、工程问题解决和工程技术应用三个维度对工程思维的培养目标进行界定，并与本书后面几章工程实践案例相呼应，希望为未来中小学工程思维的培养提供一定的参考。

二、工程思维培养流程

（一）工程设计流程

美国中小学的工程教育强调在工程设计中培养和发展学生的工程思维。纽约州在其 STEM 教育标准中指出："工程设计是反复建模和优化的过程，是在既定条件下寻找最优解决方案的过程。"

反复和创新是工程设计的两大特点。在美国《技术素养标准：技术学习之内容》中，工程设计的特征和要求被描述为：设计者有清晰的目标，并充分理解这一目标；对于设计有详细的要求和限制；限制主要包括设计者所面对的具体条件，如费用、场地、时间、所用材料的物理局限；设计过程是系统化的和反复的；工程设计需要大量的交流与合作；工程师在设计活动中要以团队的形式开展合作，并与客户反复沟通交流以达到最终目标。设计过程不是一蹴而就的，它是非线性的、复杂的，而且设计需要不同的人参与，设计过程可能也不相同。设计的这些特点可能会导致教师在实际教学中，对于设计难以把握。参与群体的不同意见也有可能将设计引入歧途。（赵中建，2017）因此参考具有指导意义的设计模型，可以确保设计过程更加有效地进行。以下是一些常用的培养学生工程设计能力的模型。

美国南卡罗来纳大学开发的 EFFECT（Environments for Fostering Effective Critical Thinking）工程设计过程，是一种名为"培养有效批判性思维的环境"的工程设计教学框架，用以帮助工程类学生在处理实际工程问题的环境中发展批判性思维。其流程包括（赵中建，2017）：（1）确认问题；（2）确认标准和约束条件；（3）产生可能的解决方案；（4）形成想法；（5）探讨可能性；（6）选择一种方法；（7）建立模型或原型；（8）完善设计。

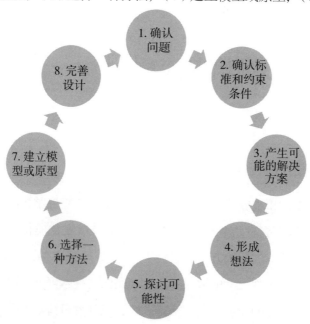

图 4-3　EFFECT 工程设计教学模型

美国国家科学基金委员会和基金成员高校合作项目在"K—12 STEM 教育工程教学"的网站上，展示了他们的工程项目学习框架。借助工程设计的流程（见图 4-4），学生能够掌握更加规范的工程方法、思想，更加灵活地应用多学科的知识以及提升能力。该工程项目学习流程主要包括以下七个步骤：（1）提出问题——确认需求和限制；（2）研究问题；（3）想象方案——开发可能的解决方案；（4）计划方案——选择可能的解决方案；（5）创建原型；（6）测试和评估原型；（7）迭代改进。

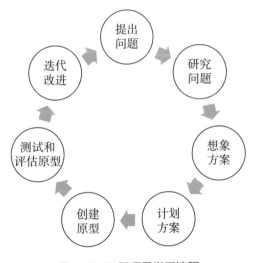

图 4-4　工程项目学习流程

美国国家航空与航天局（National Aeronautics and Space Administration，NASA ）也于 2018 年提出了一种工程设计模型，旨在教授学生掌握工程设计过程（engineering design process，EDP），从而指导他们解决问题的迭代过程。该工程设计过程包括提出问题、设想解决方案、规划设计、创建和测试模型，然后进行改进等步骤。图 4-5 为 NASA 工程设计流程。

（1）提问：学生识别问题、必须满足的要求和必须考虑的限制。

（2）想象：学生集体讨论解决方案和研究思路，并确定其他人做了什么。

（3）计划：学生从头脑风暴列表中选择两到三个更好的想法并绘制可能的设计草图，最终选择一个设计作为原型。

（4）创建：学生构建一个符合设计要求并在设计约束范围内的工作模型或原型。

（5）测试：学生通过测试评估解决方案，收集和分析数据，并总结在测试过程中发现的设计的优点和缺点。

（6）改进：根据测试结果，学生对他们的设计进行改进，确定他们将做出的改变并证明他们的修订是合理的。

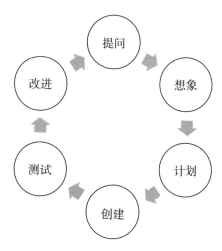

图4-5　NASA 工程设计流程（NASA，2018）

通过对比发现，不同的工程设计流程在顺序上可能会有所不同，但大都包含以下几个核心过程：确定问题、确定约束条件、形成潜在的解决方案、讨论不同方案的优缺点、设计模型、设计实施等，工程思维也得以通过这些活动逐渐形成，并不断强化。不同的工程设计流程为本书提出工程思维教学流程提供了参考。

（二）中小学工程思维教学流程

美国中小学工程教育将真实工程作为一种情境引入，将工程问题与真实世界相联系，嵌入工程教育系统的工程设计过程。CDIO 是开展工程教育的背景环境，依托此背景开展中小学工程思维培养是较为合理的。

从CDIO视角来看，我国目前中小学工程教育模型的基本步骤多属于D（设计）和I（实施）的范畴。社会需求是工程发展的动力，工程活动源于社会需求，社会需求是工程建造的最初动因。C（构思）发生在D（设计）之前，包括工程必要性分析、可行性分析、实施论证等内容；O（运行）在工程项目I（实施）之后，包括如何发挥效益，如何更好地为社会服务，所进行的质量评估、运营监控及维护保障等工作内容。目前，我国中小学工程教育C、O范畴内容涉及相对较少，因此建议结合传统STEM工程教育模式，适当进行具有C（构思）和O（运行）内涵的前置与后延，以强化工程思维的全过程培养。基于此，将我国目前中小学工程教育模式与CDIO进行比较，互相补充，综合实施，形成与CDIO相结合的中小学工程思维教学流程（见图4-6）。该流程主要包括：（1）了解项目背景，进行项目准备；（2）明确目标；（3）统筹要素；（4）设计方案；（5）试验模型；（6）分析数据；（7）迭代优化；（8）交流评价；（9）运营管理。

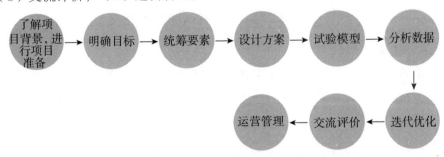

图4-6　与CDIO相结合的中小学工程思维教学流程

（三）基于核心素养的工程思维培养流程

综上可以发现，无论是工程设计流程还是工程思维教学流程，都包含学生对问题的探究和分析过程、方案的设计和确定过程、作品的制作和汇报过程。

因此，基于工程思维培养目标，在工程设计流程和中小学工程思维教学流程的基础上，本书提出了基于核心素养的工程思维培养流程（见图4-7）。该流程将工程思维培养分为八个步骤：根据一般工程问题的提出，设计了"明确问题"的环节，按照工程设计的一般流程，从定义要解决的工程问题，到明确需要解决的工程任务，"统筹要素"构思创想可能的解决方案，再到"设计方案"进行原型制作，从"试验模型""分析试验数据"，再到"方案评估"，以使该方案不断迭代优化，最后进行交流评价，并鼓励学生通过"运营管理"，将所学知识和技能应用到实际的生活中去。

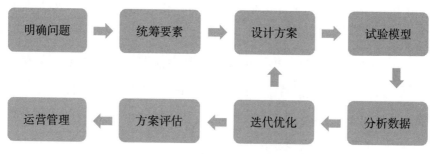

图4-7　基于核心素养的工程思维培养流程

① 明确问题：根据项目背景开展调研，确定清晰的任务目标；
② 统筹要素：明确项目约束条件，梳理项目可利用的资源，了解项目规范；
③ 设计方案：根据相应科学论证和科学实验的结果设计方案；
④ 试验模型：组装模型进行试验，采集数据，总结问题；
⑤ 分析数据：通过数据分析建立理论模型，平衡组成要素，进行理论优化；
⑥ 迭代优化：根据理论及前期试验确定优化方向，进行模型方案优化；
⑦ 方案评估：通过答辩展示或论文撰写等方式展示方案，收集评价建议；
⑧ 运营管理：探索方案在真实情境下运营、维护、回收的情况。

以上八个步骤，充分体现了基于核心素养的中小学工程思维培养特点，融合了工程设计流程、工程思维教学流程以及前文提出的工程思维培养目标。"统筹要素""运营管理"两个环节，体现工程思维培养中的"工程创造意识"内容；"明确问题""设计方案"和"迭代优化"等环节，体现工程思维培养中的"工程问题解决"能力培养内容；"试验模型""分析数据"和"方案评估"等环节，体现工程思维培养中的"工程技术应用"等内容。整个工程思维培养流程，注重设计、迭代和反复的过程，具有较好的实践参考价值。本书案例部分也是基于上述八个步骤开展的工程教育教学实践，可以为中小学一线STEM教师开展工程思维教学设计与实践提供参考。

三、工程思维培养教学策略

（一）团队组建

STEM课程是以团队合作方式开展的项目式课程，项目目标是解决真实情境中的工程问题。课程开始阶段需要组建团队，分组情况直接影响后续课程的开展及学生的体验和收获。如何组建团队对教师也常常是充满挑战的一件事情。

在STEM课程中，团队人数一般为3—5人。人数太少，学生往往无法体会团队合作进行工程问题解决的过程；人数过多，就可能造成部分学生无所事事。一般而言，小组里人数更多的分组方式适合参与比赛，不太适合常规课程，而不需要分组的情况可能代表工程挑战任务的复杂度较低。

组建学生团队，要充分考虑学情，包括学生的班级、年龄、性格、能力、特长等诸多因素。通常STEM课程是作为选修课程开设的，有时候学生来自不同的班级，互相之间不够熟悉，教师对大多数学生的情况也不甚了解。在这种情况下，有几种简单的团队分组方法可供教师选择，见表4-4。

表 4-4　几种简单的团队分组方式

分组方式	自由结组	随机抽签	随机 + 教师微调
具体描述	学生完全根据自己的意愿结成小组。通常互相熟悉的朋友和同学会成为一组，而部分没有熟人的学生会受到孤立。各组人数不均衡。	根据抽牌或生成随机数等纯随机方法，将学生等分为若干个小组。小概率熟悉的学生能成为一组，大概率陌生的学生成为一组。	可以看作随机抽签方式与自由结组方式的组合，教师根据随机抽签的结果，结合学生自主意愿，同意部分组员进行交换的申请。
优缺点	操作最简单易行，学生因为熟人合作初始参与度高，但也会导致课堂秩序较难管理，而且未能培养学生与陌生人合作的能力，同时对受孤立学生的影响较大。	看似较为公平，但操作难度较大，学生往往有较强的意愿和熟人朋友结组，随机分组容易产生不满，需要教师依靠权威才能强制推行。如果随机分组的情况不理想，更加难以处理。	可操作性较高，作为第二种方式的优化，既保证了分组人数的均衡，又满足了部分有强烈同组诉求的学生。不过，这种方式也仅仅是从学生意愿的角度考虑，陌生学生间没有互相了解。

　　上述几种分组方式相对简单，无法从根本上解决分组学生互相不了解，以及教师对学生不够了解的问题。在这种情况下划分的小组，很容易引发后续合作过程中的各种问题，给课程实践带来困难。

　　建议将分组过程与教学前测相结合，通过多轮活动、多次结组迭代使学生之间增进了解。课程活动中进行团队组建的设计示例如表 4-5 所示。

表 4-5　课程活动中进行团队组建的设计示例

背景：课程主题为"动力火箭"，第一节课要完成整个课程的前期准备工作，包括完成团队组建及与后续教学内容有关（如与火箭相关的）的教学引导活动。本门课程参与人数 20 人，分组策略拟按照 4 人一组，分为 5 组。

活动一：

（1）所有学生先抽签随机形成 5 个小组，教师此时特别向学生强调这只是临时小组，后续正式分组，将根据这节课的活动形成。

（2）布置任务：每个学生设计一个火箭，在纸上画出所有能想到的火箭外观部分，尽可能科学合理。

（3）小组内，成员互相讲解火箭外观设计方案，讨论合理性。然后讨论火箭内部具有哪些结构，最终在大纸上绘制一个火箭整体结构（包含外观和内部）。

（4）每组选派一名代表，结合大纸上的设计图，给全班同学讲解本组的火箭设计方案。

分组一：

（1）每个组发言的学生作为五个正式小组的临时负责人，选择第一个组员。按照发言顺序挑选。

（2）如果班里的男女比例较为均衡，第一次选择组员增加限定条件必须为异性。

（3）和你的新组员坐在一起，其他同学交换小组。

活动目的：通过活动，使随机形成的初始小组内的学生互相增进了解。而每个小组推选出的发言同学一般较为外向或组织能力较强，适合作为临时组长。

活动二：

（1）每个人思考有哪些方式可以提供动力，让重的物体飞起来，填写在表格中。

（2）小组内讨论，交换意见，形成完整的小组设计方案。

（3）由各组中未公开发过言的学生向全班讲解本组方案。为节约时间，后续发言成员仅补充前面小组未提到的内容。

分组二：

（1）每个小组的临时负责人选择本组第二个组员，按照与第一轮相反的小组顺序挑选。

（2）所有分好组的组员坐在一起，未分组的人统一坐在一起。

活动目的：各个正式小组中已经通过第一轮的活动确定了两名成员，还需要通过新的一轮活动增进了解，确定新成员。此轮活动中的公开演讲可以充分展示发言同学的风格。一般情况下，组长第一轮选择的队友是自己熟悉的朋友，第二轮会挑选自己心目中能力较强的同学。

活动三：

（1）观看一个几分钟的火箭原理介绍视频，记录关键的要点，看完后回答老师提的问题。

（2）在观看视频前教师提出五个与视频内容相关的问题，在看完视频后，所有未分组的学生每人挑选一个进行回答。

分组三：

（1）未分组的学生按照发言顺序，挑选自己想要加入的小组。

（2）所有学生分组完成，坐在一起。

活动目的：让后续分组过程中的每名学生都有发言展示的机会，锻炼自身能力。最后的选人不再由小组长挑选组员，而是由未分组的学生来挑选小组。一般最后一轮未被选到的学生可能熟悉的同伴很少或者自身比较内向，这样的形式可以充分照顾他们的感受，鼓励他们积极参与后续的活动。

（二）团队分工协作

多数学生在最初接触 STEM 课程时，由于缺乏工程思维的训练与培养，对团队分工和团队协作的认识只是基于日常生活的经验，真实的工程项目与此区别较大。未来在他们升入大学乃至走入社会后，真实的工程任务分工是非常细致的，团队成员间的沟通合作也是非常关键的能力。所以 STEM 课程承担了学生团队分工协作能力从零开始培养的任务。

在团队人员组成已经确定后，教师该如何组织学生进行团队分工协作呢？首先一定要有明确的团队分工，让每名学生明确自己的职责。在 STEM 课程设计中要明确各个职位的具体任务，每个任务都有具体负责人员，让学生感受到每个人的工作都是重要的，都是必不可少的。四人团队分工示例如表 4-6 所示。

表 4-6　四人团队分工示例

职位	人员	工作职责
工作组长	张 ××	协调组织团队，解决内部分歧，确保按时完成任务。
研究员	王 ××	制订和调整试验方案，进行试验，记录和分析数据。
工程师	李 ××	动手制作，学习技能，解决团队遇到的各种技术问题。
宣传员	赵 ××	清晰地讲解展示，美化宣传海报，产生创意想法。

表中的分工仅为四人小组的一个示例，具体职位设计可以根据课程内容调整。

工作组长统揽全局，应该由责任心强、性格外向、善于沟通、协调能力强的学生来担任，协助教师进行学习中的日常管理工作。在教学实施过程中，教师的时间确认、物资收发等工作，直接与组长对接，过程中要注重发挥好组长的组织、管理、协调等方面作用。

研究员职位适合心思细致的学生，主要负责项目中的探究工作，包括制订试验方案、记录试验数据、分析试验数据等。教师在后续课程中，所有与试验相关的任务，主要与研究员职位的学生对接。

工程师职位适合动手能力强、热爱技术、善于学习新技能的学生担任。在动手实践环节，教师可以选择将关键性的操作要点跟各组工程师单独开会强调，让他们回组后再教给小组同学。

宣传员职位也非常重要，因为 STEM 课程中展示内容很多，无论是纸质海报形式的展示还是 PPT 汇报，都需要宣传员发挥重要作用。

分工时也不一定要每个人始终固定一个职位，因为同组可能会出现两个都非常热爱动手的学生争夺工程师职位，而没有人愿意当宣传员，以及其他预想不到的情况。此时，可以先考验组长的协调能力，如果协调未果，教师可以宣布允许兼职，每个学生最多可以同时负责两个职位，但要确保每个职位都必须有人负责。课程活动中的团队分工设计实例如表 4-7 所示。

表 4-7　课程活动中的团队分工设计示例

背景：课程主题为"动力火箭"。

初始活动：吸管火箭的制作与测试。

活动方式：4 人一组分工协作，利用简单的材料和工具制作吸管火箭。

任务目标：能够根据前期的测量数据，将火箭发射到教师随机指定的一个位置，或者给定距离的位置。

组长任务：

（1）确保团队在规定的时间内完成任务。

（2）记录团队在课程或活动过程中出现的问题和趣事。

（3）课程结束后，组织组员清理卫生，复原桌椅，上交团队工作表。

研究员任务：

（1）负责与教师沟通比赛任务目标，向团队准确传达。

（2）负责设计数据记录表格。

（3）组织完成试验，准确清晰地记录数据。

工程师任务：

（1）根据研究员传达的任务要求，负责设计和制作所需试验装置。

（2）绘制团队设计的火箭发射架的草图。

（3）负责热熔胶枪的使用和团队安全。

宣传员任务：

（1）在火箭实物上增加装饰，提升美观度。

（2）在纸上绘制团队设计的火箭及发射架的外观宣传画（可用彩笔配合文字）。

（3）负责讲解本组的设计理念。

（三）想法生成与团队讨论

1. 5W2H 分析法

该方法又叫七问分析法，简单、方便，易于理解、使用，富有启发意义。

主要包括以下七个方面。

① What：是什么？目的是什么？需要做什么工作？

② How：怎么做？如何提高效率？如何实施？

③ Why：为什么？理由何在？原因是什么？结果是什么？

④ When：何时？什么时间完成？什么时机最恰当？

⑤ Who：谁？由谁来承担？谁完成？谁负责？

⑥ Where：何处？在哪里做？从哪里入手？

⑦ How much：多少？做到何种程度？数量多少？费用多少？产出多少？

这个方法适用于解决学生讨论过程中无所适从或目标不明确的问题，引导学生对一个问题追根刨底，探寻深层次的矛盾或优缺点。在这个过程中，有可能发现新的知识或问题线索。

2. 头脑风暴法

头脑风暴是无限制的自由联想和讨论，目的在于产生新观念或激发创新设想，是由美国创造学家亚历克斯·奥斯本于1939年首次提出、1953年正式发表的一种激发思维的方法。奥斯本借用"精神病人是无逻辑、无边际的'胡言乱语'，'天马行空的思维'"来形容这种思维过程。

使用头脑风暴法可以达到集思广益的目的。为使团队成员都能打开思路，畅所欲言，组织头脑风暴时需要有一些具体要求：人员一般不超过10人，时间一般在1小时之内，目标明确，发言要直击要害，所有人都可以任意发表自己的想法（金涌，2020）。在交谈中，鼓励每个人充分利用别人的设想来激发自己的灵感，在相互激励过程中，产生比单独思考更多的方案，形成思维的"共振"或"谐振"。

在头脑风暴过程中，通常有如下使用约定：

①不批评他人提出的设想；

②提倡自由思考；

③任何人不能做判断性结论；

④提出的设想越多越好；

⑤针对目标，集中要点；

⑥讨论人员不分上下级，人人平等相待；

⑦不允许私下交谈，以免干扰他人思考；

⑧各种设想不加区别，一律记录下来；

⑨可以在他人设想的基础上产生新的想法。

有时，也可以借助书面头脑风暴法组织教学，如表4-8所示。

表4-8　书面头脑风暴法在课程中的应用

背景：课程主题为"小小净水站"，将头脑风暴法应用于课程运营扩展环节，引导学生进行开放式创意生成。
方法优点：主要用于解决团队成员互相不熟悉、无法顺畅交流，或者团队中有较为强势的1—2人完全主导讨论等问题。每个人都拥有独立思考和表达的权利，每个人也有充分了解他人观点的义务。
准备环节： 4—6人的团队小组坐在一桌，每个人有一张大白纸和一支专属唯一颜色的彩笔。 问题提出： 根据本学期净水项目的学习，提出一个水质检测或净化装置应用的想法，设计运营方案。 环节一： （1）用自己专有颜色的彩笔在纸上写上自己的名字（实名讨论）。 （2）每人独立思考，在纸上清晰表达自己的想法。 （3）画出设计示意图。 （4）全程要求互相无任何交流，限时8分钟。 环节二： （1）停止书写，顺时针将自己的大白纸交给旁边的同学。 （2）在自己拿到的纸上用专有颜色彩笔写上点评者姓名。 （3）针对对方的设计和观点写下自己的建设性意见。

（4）限时 3 分钟，然后继续顺时针传递，重复这一过程，直到每人最后拿回自己的纸。纸上应该有全组所有同学的建议记录。

环节三：
（1）组内成员相互讨论，分别用语言解释自己的想法。
（2）各组推举一个最具创意和可行性的想法。
（3）每组代表向全班讲述本组最佳创意方案，全体讨论。

（四）过程性记录

教师要积极培养学生过程性记录的意识和能力，并将其作为课程评价的重要内容维度。需要设计合理的奖惩制度，鼓励和指导学生记录学习过程，培养学生工作记录与学习反思的习惯。教师和学生都应把学习过程记录看作教学活动的一部分，而不是附加工作。

教师要使学生明确过程性记录的要求和标准，最好为学生提供统一格式的团队工作记录单，内容包括：实践活动的流程和指导，对实践活动过程数据的记录，以及实践活动过程的反思等内容，如表 4-9 所示。

表 4-9　团队工作记录单

背景：课程主题为"动力火箭"，本节课进行吸管火箭的发射测试与数据采集过程，提供团队工作记录单帮助各组明确任务，并进行过程性记录。

环节一：准备工作
1. 确认发射架制作完成，参数选择合理。
2. 确认火箭箭体制作完成，并且符合稳定性原则。
环节二：飞行测试
以某个特定气压和角度，使火箭多次飞行，在下方空白处记录落地距离，测试飞行的稳定性和误差大小。

思考测量误差产生的原因，改进优化以减小测量误差。

数据记录：

环节三：数据采集

1. 固定发射角度，建立飞行距离与气压的关系。
2. 在下方空白处设计表格记录所有有关数据。

3. 根据测试数据绘图。

问题思考：

1. 你们发现哪些环节或细节可能会造成测量误差?

2. 整个过程与物理、化学或数学中的哪些概念、定律、公式有关? 写下你们所知道的。

3. 每课一问：今天你们小组发现了哪个有价值的问题?

每节课后，各小组都要上交本次课的团队工作记录单，最后汇总形成一个学期（整个课程）的个人或小组的过程性记录册。

当然，随着信息技术的发展和电子设备的普及，学习过程记录的形式不局限于纸、笔，像照片、视频等记录方式，方便快捷，能及时捕获教学活动中的"典型瞬间"，所记录下的信息更为生动、丰富，后期利用的形式也更加多样。当然，教师也要注意影像内容的使用范围，避免超出教育范围使用而产生法律风险。

（五）工程实践过程管理

工程教育总是离不开实践，实践过程中通常会涉及场地布置、仪器设备调试、材料工具准备与整理等多方面人和物的管理工作。这些既是教师备课的重点和难点，也是促进学生工程素养提高的重要过程。如果不注重实践中的这些内容，可能会导致课堂混乱、存在安全隐患、物料浪费等诸多问题，也会让学生养成不良习惯和不负责任的心态。

物料管理：对于设备和材料的管理，要有章可循，在摆放和存储位置上要有具体要求，而且要保持要求的连续性和一致性。要督促学生及时清理在动手实践过程中产生的废料，保持工作环境的整洁。在实践过程中有可能会出现工具或设备的损坏、材料的缺失，在可能的情况下，教师要准备好备用的器材。在教学活动结束时，要注意指导学生完成设备与材料的清点和整理，并形成习惯。作为工程教育的一部分，教师要提示学生良好的工作习惯是工程师职业素质的重要体现。

人员管理：首先要让学生树立良好的规则意识，向学生说明，在实践过程中如果不能遵守课堂规则，将无法完成有效的学习活动，潜在的安全隐患要重点强调。课堂规则，可组织学生自己讨论制订，也可由教师制订并向学生说明。在制订规则时，尽量使用正向的描述，如"请将水杯放置在实验室门外"，而不要说"禁止将水杯带进实验室"。

过程管理：在实践过程中，教师要进行必要的巡视，进行专业指导和课堂管理。在某些情境下，教师还可以使用一些技术手段进行课堂管理，比如通过软件设置，对学生操作的计算机终端进行系统设置，避免与教学内容无关的应用或功能开启。

教师可以创造性地使用技术手段进行课程管理，同时也必须意识到，最好的课堂管理还是学习活动本身，如果学生对教学活动感兴趣，就会较少出现纪律问题，所以当课堂出现普遍混乱时，教师要考虑教学活动设计本身是否出现了问题。

（六）体验工程师的职业使命感

工程教育具有培养未来工程师的使命。教师在教学过程中不仅要提升学生作为未来工程师所需要的技术能力，还要帮助学生对工程师的职业责任有尽可能深入的了解，感受工程师的职业使命感，使其能主动规划自己的职业发展，并能以工程师的职业道德标准规范自己的行为。

职业的工程师会用自己的专业知识和技能造福人类，服务大众。一名合格的工程师一定是具有职业道德、正直、有责任感的人，具体表现在以下几个方面（Crawley et al., 2009）：

- 具有个人的道德标准和原则；
- 具有敢于为坚持原则而承担风险的勇气；
- 了解职业道德要求之间产生冲突的可能性；
- 理解和接受出错，但犯错必须承担责任；
- 实事求是地承认合作者的工作；
- 对工作尽职尽责。

在工程教育中，可以通过实际工程典型案例介绍加深学生对真实工程的认识，以及对工程师角色和任务的理解。此外，典型人物介绍，如"大国工匠"典型事迹，对于帮助学生树立良好的工程价值观也是非常重要的。

四、工程思维培养教学工具

工程设计过程的本质是解决问题策略综合运用的过程，包括分析、建模、优化、限制条件、关系平衡、系统等，是工程教育有效开展的工具。在教学实践中开展工程思维训练，需要经常借助这些工具解决工程实际问题，引导学生在任务解决中发展工程思维。

（一）思维导图

思维导图是一种思维梳理工具，可以帮助学生快速理清思维，构建知识框架，提升思维能力和学习效率，是表达发散性思维的有效图形思维工具。思维导图是由"世界大脑先生"东尼·博赞发明的高效学习和思考的工具，被誉为"大脑使用说明书"。

目前很多办公软件都具有思维导图制作功能，大家可以尝试使用。

思维导图有助于提高思维的层次与工作效率，可以帮助读者从繁杂的信息中快速获取有价值的信息。如何运用思维导图工具制作有效的思维导图，有以下几个使用原则。

①选择适合创意表达的模板。

②主题可以是关键词，也可以是图像；主题所占面积不能过小，表达的色

彩要鲜明，形式要醒目；主题所代表的含义要尽量聚焦。

③主脉由粗到细，关键词要写在线条的上方。关键词要简练，长度和线条的长度尽可能一致。同一主脉，从头到尾只能选用同一种颜色，这有助于记忆效果的提升。

④一个线段上只能放一个关键词或关键图。切忌在线段上写一句完整的话，如果实在没有办法浓缩成关键词，请使用"关键句"，而不是照抄整句话。这时候可以用到"缩写句子"的相关技巧，尽量把长句简单化。

⑤使用多种颜色进行绘制可以提升 60% 的记忆效果。人眼对颜色的敏感度远大于对文字的敏感度。

⑥不要把关键词圈起来，也不要使用曲线把主脉圈起来。这种圈起来的做法会造成思考上的局限，是对视觉的干扰。思维导图的绘制，目的是"化繁为简"，版面越简洁越好，切忌添加一些不必要的装饰。

⑦同一条主脉上的线条要连续不中断，且线条不能加箭头。不连续的线条容易造成思考上的停顿，还会导致关键词分散，阻碍阅读者的联想力。

（二）图表

图表是一种重要的可视化表达工具。针对不同的方案，综合考虑规划和设计，选择最适合的图表类型，可以实现最佳的信息传达效果，达到"一图胜千言"。工程设计中应用较多的图表有：直角坐标图、极坐标图、等高线图等。

此外，工程教学中还会用到对数图、极坐标图、三维图、直方图等。很多智能手机内置了多种传感器，能够方便地获取数据，形成图表输出，成为学生工程学习的得力工具。研究物体自不同倾斜角度下滑，可以借助手机中的 pixphon 软件，获取角度、方向、加速度变化等，并形成图表曲线。

（三）逆向工程

逆向工程（又称反向工程），是一种技术过程，是工程师通过解剖其他人的产品，从而了解产品的设计、生产和工作原理的过程。通过对目标产品进行逆向分析及研究，演绎得出该产品的处理流程、组织结构、功能结构及性能规格等设计要素，以期制作出功能相近或相似的产品。逆向工程源于商业及军事领域中的硬件分析。其主要目的是，在不能轻易获得必要的生产信息前提下，直接对成品进行分析，推导出产品的设计原理。经常用到的逆向工程方法有机械结构三维扫描，还可参考专利文献的权利要求书附图、装置分解图等，如图4-8、图4-9所示。

图4-8　使用手持三维扫描仪获取结构数字信息　　　图4-9　油泵的分解装配

（四）系统仿真

系统仿真，即基于实验或训练目的，将原本真实或抽象的系统、事务或流程，通过建立模型，以表征其关键特性或者行为、功能，予以系统化和公式化，从而对其关键特征进行模拟。

计算机实验常被用来研究仿真模型。利用仿真模型，可以复现实际系统中发生的本质过程，并通过对系统模型的实验来研究存在的或设计中的系统。模型包括物理的和数学的、静态的和动态的、连续的和离散的等各种类型。实际系统的范围也很广泛，包括电气、机械、化工、水力、热力等系统，也包括社会、经济、生态、管理等系统。图 4-10 为用计算机模拟斯特林发动机工作过程，图 4-11 为用 matlab 模拟无人机正六边形编队飞行，图 4-12 为某教室火情模拟分析图。

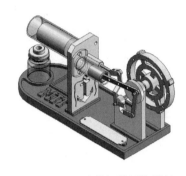

图 4-10　用计算机模拟斯特林发动机工作过程

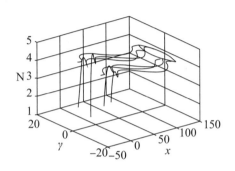

图 4-11　用 matlab 模拟无人机正六边形编队飞行

图 4-12　某教室火情模拟分析

（五）图形化编程

不同年龄段的学生对计算机的认知程度不同，因此需要针对学生的年龄特点、认知特点和学习规律来开展计算机程序教育。例如，低年级学生适合不插电编程和图形化编程，而高年级学生可以学习代码编程及硬件与软件结合编程。

青少年学习编程，不应该只是单纯学会代码，掌握一项技能，或是培养一个兴趣，更重要的是掌握一套高效解决问题的思维模式。这其中有不少图形化编程工具可供使用。

（六）项目管理

一般而言，工程项目比较复杂，需要跨学科、跨专业团队的合作。为确保工程项目在规定时间、规定条件下顺利完成，项目管理工作非常重要。

项目管理是项目管理者在有限资源约束下，运用系统的观点和方法，对项目涉及的各项工作进行有效的管理。即从项目决策开始，到项目结束的全过程，进行计划、组织、指挥、协调、控制和评价，以实现项目各项指标要求。美国项目管理学会提出项目管理者必须具备的几项专业能力，包括范围管理、时间管理、费用管理、质量管理、人力资源管理、沟通管理、风险管理、采购管理及综合管理等。

项目管理的主要工具有任务清单、甘特图、项目评估和审查技术图、工程日志等。

轮椅专用坡道待办事项列表
· 测量垂直落差
· 根据1:12的斜率计算所需的坡道长度
· 计算木材需求和成本的电子表格
· 计算螺栓、甲板和螺钉等的电子表格
· 搜索木材/硬件供应商
· 埋入支撑柱
· 把框架用螺丝拧在一起
· 切割并钉上木板

图 4-13　任务清单

中学生创新项目研究计划与进度管理甘特图																				
项目名称：																				
序号	工作事项	开始日期	结束日期	周数	第1周	第2周	第3周	第4周	第5周	第6周	第7周	第8周	第9周	第10周	第11周	第12周	第13周	第14周	第15周	第16周
1	发现与明确问题	第1周	第2周	2	■	■														
2	调查研究	第2周	第2周	1		■														
3	制订研究计划	第2周	第3周	2		■	■													
4	确定设计方案	第4周	第5周	2				■	■											
5	模型或原型制作	第5周	第10周	6					■	■	■	■	■	■						
6	测试与优化	第10周	第11周	2										■	■					
7	项目展示与交流	第12周	第14周	3												■	■	■		
8	项目推广	第15周	第16周	2															■	■

图 4-14　甘特图

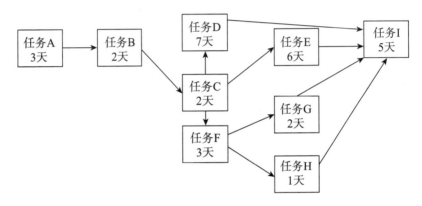

图 4-15　项目评估和审查技术图

（七）测量与计算

测量是按照某种规律，用数据来描述观察到的现象，即对事物做出量化描述。测量是对非量化实物的量化过程，计算是在测量的基础上进行的计算和运算的过程。例如，下面一个案例通过精确地测量和计算，可以避免生产实践中的盲目操作，大大提高效率。

假如你正在一个制造小型飞机的公司工作，制造部门的负责人认为，公司可以通过将液体涂料换为静电干粉涂料来节省大量的资金。但是静电干粉涂料需要在涂敷之后进行烘烤才能形成最终的成品涂层。更换新材料需要购买新设备，烘烤过程也要消耗能源成本。

制造部门要求你来估计飞机所需使用的涂料总量，以下是你的测量步骤。

第一步：画出飞机机身的草图。

第二步：估计每个部分的表面积。

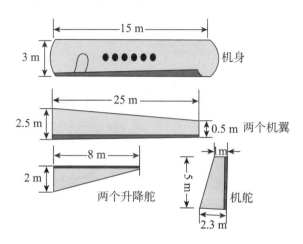

图 4-16　估计机身部件表面积

机身的表面积：15 m×3.14×3 m ≈ 140 m²

两个升降舵的表面积：2×2 m×8 m÷2=16 m²

一个机舱的表面积：（2.3 m+1 m）×5 m÷2 ≈ 8 m²

两个机翼的表面积：2×（2.5 m+0.5 m）×25 m÷2=75 m²

第三步：对各部分表面积进行汇总，如表 4-10 所示。

表 4-10　汇总表面积

飞机各部分	估计的表面积（㎡）
机身	140
两翼	75
机舱	8
两个升降舵	16
总计	239

第四步：将表面积与涂料的厚度相乘（漆皮的平均厚度是 0.1 mm）。

体积 ＝ 表面积 × 厚度 ＝240 m^2×10^{-4} m ≈ 0.02 m^3

所以，涂刷这个飞机需要 20 L 油漆。

五、工程思维培养教学条件保障

（一）教学实践场所

由于工程教育实践性的特点，教学实践场所对于教学活动的开展非常重要。

1. 实践场所的类型

教学实践场所是开展工程教育的重要支持与保障，不同的学段、不同的教学内容对教学实践场所的需求不同。在学校环境中，可用于开展工程实践活动的场所通常有专业教室、多功能教室、创客空间等。专业教室通常针对专门的教学内容，拥有专门的工具和设备，如木工教室、计算机教室等。多功能教室在空间设计上灵活性较强，可满足多种教育活动的开展，通常具有多媒体设备和便于实践成果展示的活动空间。创客空间就更加灵活，空间可大可小，通常配备有常用的微观装配设备，能够实现创意的原型制作。

理想的工程实践场所能够让学生体验产品的构思—设计—实施—运行的完整过程。除了校内场地，校外的实践场所也发挥着重要作用，如学生有机会进入真正的工程实践场地进行参观、访问、体验或实习，将会使工程教育实践活动更加丰富、完整。

2. 实践场所的空间设计

在实践场所的空间划分上，可以分为设计讨论区、实验仪器区、加工工具区、物料存储区和作品展示区等功能区域。

设计讨论区是师生之间、同学之间交流的空间，桌椅可选择可移动的样式，便于根据不同的教学活动和学生分组等情况进行临时调整，以满足构思、设计、实施、运行阶段的不同需求。

实验仪器区和加工工具区是实践活动的操作空间，工具和仪器的安放要考虑到使用与维护过程中的操作特点，以安全性和易用性为原则，合理布局。

物料存储区要根据不同物料的特点选择恰当的存储方式，分类存储，可选用透明材质的储物柜和储物盒，便于材料的查找和使用。

作品展示区可以有多样化的设计，既可以在固定区域放置展示柜，也可以创造性地利用空间，通过悬挂、摆放、张贴等方式对作品进行展示。

实践场所要注意发挥空间的育人功能，设置具有针对性的、明确的、可执行的卫生和安全规定，促使学生形成良好的行为习惯和安全意识，让实践场所成为学生自主学习和社会交往的空间。

（二）教学实践工具

在工程实践过程中，要为学生提供适合的设备、工具和材料等。教学实践工具通常包括手工工具、木工工具、金工工具、电工工具和数字化加工工具等。

1. 手工工具

泛指用手施力的小型工具，区别于电动工具，指在教学实践活动中学生进行手工劳作的常用工具，包括剪刀、美工刀、彩笔、尺子、热熔胶枪等。

2. 木工工具

木工实践活动因其材料相对廉价且容易获得，在我国又有悠久的历史传承，是在学校相对容易实施的实践活动类型，适合各个学段开展。木工工具是对木材进行加工制造的工具，主要包括量具（测量及画线）、锯、刨子、凿子、木锉等。

3. 金工工具

金工实践活动可以帮助学生了解机械加工的主要过程，是提升学生工程能力的重要活动。它对材料、场地、学生的操作能力等方面的要求更高，通常在高中、大学阶段开展。金工以金属为加工材料，可分为车、钳、铣、钻、锯、焊等，基本工具包括划线工具、钳子、手锯、锉刀、电钻等。

4. 电工工具

电子制作是学校物理教学和科技竞赛活动中常见的实践活动，具有趣味性、创新性、与学科教学内容相融合等特点。常见的电工工具有电烙铁、万用表、剥线钳、偏口钳、吸锡器、稳压电源等。

5. 数字化加工工具

随着技术的进步，各种加工设备向着数字化和小型化发展。在工程教育过程中，学生掌握这样的数字化工具可以实现快速的成型制造，更有利于完成工程教育的全过程体验。常用的数字化加工工具有：激光雕刻机、3D打印机、CNC数控机床等。

（1）激光雕刻机

激光雕刻机是利用激光对材料进行雕刻的一种先进设备。因加工速度快、精度高、适用材料广等特点，越来越广泛地应用于教学实践活动中。激光雕刻机一方面可与信息技术、劳动技术、通用技术等课程相结合，进行数码设计与创意制作，另一方面可为科技竞赛作品进行结构制作，提升作品结构的整体性和设计感。

（2）3D打印机

3D打印机可将金属、陶瓷、塑料等材料，依据计算机设计模型打印出三维立体的实物。原本用于工业领域的 3D 打印机越来越普遍地进入教育领域，一些学校尝试开设 3D 打印课程，一方面让学生学习使用 3D 设计软件建模，提升数字化技术能力，另一方面让学生有机会将自己的创意想法做成实物，提高学习兴趣和创新意识。

（3）CNC 数控机床

数控机床按照计算机编制好的加工程序，自动对零件进行加工。与传统的手工机床相比，数控机床加工精度高、加工质量稳定，但对操作人员素质要求高。随着数控机床的小型化，一些学校的创客空间和实验室也配备了 CNC 数控机床。相对于激光雕刻机和 3D 打印机，CNC 数控机床在程序设计、刀具设置、操作技能等方面需要更加专业的知识技能。

在教学实践过程中，除实践工具的准备之外，实践材料的选择与准备同样重要。正所谓"巧妇难为无米之炊"，在配备像激光切割机、3D 打印机这样的专业设备时，需要了解其参数，配置相适应的材料，以便日后补充采购。

在学校实践活动中还常会用到纸张（如打印纸、硬卡纸、瓦楞纸）、胶（如胶棒、乳胶、速干胶、双面胶、纸胶带）、紧固件（如扎带、燕尾夹、螺丝）、电子元件（如电池、发光二极管、导线、开关），以及其他各种常见材料（如绳子、毛根、毛毡布、吸管、轻黏土），这些材料可根据教学内容进行相应选择，应避免盲目采购而产生浪费。

在教学实践中还应鼓励学生使用"废旧材料"，材料的"收集"可以成为实践课程内容的一部分。这样做不但可以降低材料成本，还有利于激发学生的创意思维，更可能呈现出多样化的创作。

（三）工程实践的安全性

工程实践与学校日常的学科学习相比，存在更多的安全风险，需要给予足够重视，要在实践场地环境设置、实践材料与工具选择、实践活动过程组织等多方面进行考虑。

1. 实践场地环境设置

确保用电安全，合理配置电源插座，可靠接地，配备漏电保护装置。确保空气质量合格，对于实践过程中产生的粉尘、有毒有害气体等，要及时有效处理。此外，将需要专业操作知识及一定危险性的仪器设备单独存放。在实践场地及专门设备上设置警示标语和提示。图 4-17 为实践场地的警示牌示例。

图 4-17　实践场地的警示牌示例

2. 实践材料与工具选择

要根据工具和材料的不同特性，分类存储与使用，易燃、易爆、有毒、有害的物品，要单独存放。要选择正规厂家生产、符合国家安全标准的材料和仪器，明确采购渠道，对仪器设备进行定期保养检修，并做好使用登记和记录。

3. 实践活动过程组织

在实践活动过程中，要选择与学生年龄相匹配的实践工具，为学生讲解工具使用方法，强调安全注意事项。对于存在安全风险的工具，学生要在教师指导下操作和使用。要为学生准备必要的防护用品，如手套、护目镜、防尘面具等。

在实践中要尽量避免意外发生，如刀子、纸张等划伤，热熔胶枪、电烙铁等烫伤，钉子、碎片等扎伤，强力胶、酸碱试剂灼伤，电路短路起火、冒烟。教师要提示学生，当出现意外情况时，要及时报告，并在教师指导下妥当处置。

总之，要把安全意识培养当作工程思维培养的重要内容，训练学生规范操作，遵守安全守则，掌握应急处理的方法，最大限度避免安全事件的发生。

本章回顾与反思

1. 基于核心素养的中小学工程思维培养目标有哪些?

2. 基于核心素养的中小学工程思维培养流程是什么?

3. 除了本章的介绍，你还知道哪些工程思维培养教学策略?

4. 工程思维培养教学工具有哪些?

5. 工程思维培养需要哪些教学条件保障?

实践篇

本篇致力于为中小学及一线 STEM 教师提供基于核心素养的工程思维培养教学案例及解析，以及国内学校在系统组织和开展工程思维培养方面的探索与实践，以期为学校和一线 STEM 教师进行工程思维培养的教学设计及实施提供可以借鉴的范例。

第五章　工程思维培养教学案例

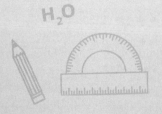

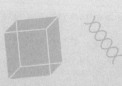

中小学工程思维教育是对学生开展问题解决方法论启蒙的载体，国内不少中小学一线STEM教师开展了基于工程思维培养的探索与实践，本章集中介绍了他们这方面工作的优秀案例和经验总结。

在我国基础教育实施"双减"政策背景下，在新课标思想指引下，开展工程思维教育可以帮助中小学一线教师更好地理解"核心素养"概念和"跨学科主题学习"内涵，从而更好地开展跨学科教学设计与实践，促进学生的成长进步。

本章学习目标：

1.通过阅读案例，熟悉工程思维培养的主要步骤和相关流程。

2.认识工程思维培养不同阶段教学内容设计的主要思考。

3.能够参照基于核心素养的工程思维培养流程，进行工程思维教学设计，并组织和开展工程思维培养教学。

一、案例1：叠衣板的设计与制作

图 5-1　叠衣板

（一）课程背景

《义务教育劳动课程标准（2022 年版）》指出，劳动课程强调学生直接体验和亲身参与，注重动手实践、手脑并用，知行合一、学创融通，倡导"做中学""学中做"，激发学生参与劳动的主动性、积极性和创造性。注重引导学生从现实生活的真实需求出发，亲历情境、亲手操作、亲身体验，经历完整的劳动实践过程，避免单一、机械的劳动技能训练，避免简单的劳动知识讲解，避免缺少实践、过于泛化的考察探究。

本案例基于新的劳动课程理念，结合 STEM 教育理念和工程思维培养模式设计实施了"叠衣板的设计与制作"一课。课程设计注重劳动价值体认，引导学生从现实生活中发现需求，选择和确定劳动项目。强化规划设计意识，充分发挥学生的主动性、积极性、创造性，引导学生对项目实践进行整体构思，综合运用所学知识、技术，不断优化活动方案，力求帮助学生习得劳动知识与技能，熟悉工程实践过程与方法，理解以人为本的设计理念。

1. 课程内容简介

学生使用瓦楞纸箱板设计并制作一个叠衣板，以方便收纳个人衣服等物品，体验产品设计的一般过程，掌握服装尺寸的测量方法和图纸标注的基本规范，理解在产品设计与制作过程中需考虑产品的功能性、安全性、美观性。

2. 学习者情况

（1）基本情况：本课程内容面向小学三年级常规教学班（约40人）开展。

（2）工程素养：小学生缺少基于实际需求，进行数据收集、分析、计算的设计实践和体验。学生在制作作品时，通常只注重实现功能，缺少产品意识，也缺少将制作成果真实应用于实际生活的机会。

3. 课程目标

（1）工程问题解决：能够使用自行设计和制作的叠衣板收纳整理自己的衣物。

（2）工程技术应用：掌握服装尺寸测量的方法和图纸标注的基本规范。

（3）工程创造意识：认识到使用工具对提高劳动效率的重要作用。

（二）项目实施过程

0. 项目准备

准备项目实施中会用到的材料及工具，如表5-1所示。

表 5-1　材料及工具清单

	材料 / 工具名称	参数要求
学生自备	T 恤衫一件	学生自己的衣服（如夏季校服）
	瓦楞纸包装箱	厚度 <3 毫米，展开后的面积使 T 恤衫能平铺在上面
教师准备	美纹纸胶带	宽度 >4 毫米
	直尺	长度 >30 毫米
	美工刀 / 剪刀	通用
	水彩笔	多色

【设计意图】

让学生自备材料，一方面可以提高学生对课程的参与度，另一方面从工程思维培养的角度，可以增加设计与制作的多样性。学生自备大小、厚度、造型不同的瓦楞纸包装材料，在设计和制作过程中可以根据自己材料的特点，进行规划布局，设计不同的剪裁方案。

1. 明确问题

教师首先使用大号叠衣板（成人尺寸），演示叠成人 T 恤衫的操作方法和折叠效果，使学生认识到制作和使用工具可以提高劳动效率，产生制作动机。

然后教师再使用大号叠衣板演示叠学生衣服，由于叠衣板尺寸不合适，叠学生的衣服时不能像叠成人衣服那样很好地对称折叠。请学生分析所遇到的问题，从而明确本节课的任务：制作一个适合自己衣服尺寸的叠衣板。

【设计意图】

设计工程教育活动时，特别需要帮助学生经历从发现需求到确定问题的过程，使学生意识到不论工程何种大小、什么类型，都是从满足人们的实际需求、解决生活实际问题出发的。在具体问题解决过程中，要把人们的现实需求界定为具体的问题，问题越具体越明确，越有助于问题解决。如本例中的需求，就是要更省力地收纳自己的衣服，遇到的具体问题是，成人叠衣板尺寸不适合叠自己的衣服，使学生明确设计制作活动的目的。

教师要根据学生的年龄特点和实际教学条件设置活动任务，尽可能地发挥学生的主动性，同时也要有一定的限定和取舍，在任务的开放性、自主性和任务的可控性、可操作性之间寻求平衡。如本案例的课程对象是小学阶段学生，因此教师没有让学生完全自主设计叠衣板，而是给出了成人叠衣板的样例，让学生仿照设计制作。这样的任务设计，虽然减少了叠衣板样式设计的更多可能性，但提高了学生完成制作的可能性，也使教学目标更容易聚焦。

2. 统筹要素

（1）讨论如何确定叠衣板各部分尺寸

教师出示叠衣板的结构图，如图5-2所示，提出问题"如何确定叠衣板各部分的尺寸？"。学生通过讨论发现，衣服通过使用叠衣板进行"对折"，中间部分的宽度为衣宽的1/2，两边部分的宽度为衣宽的1/4，叠衣板各部分的长度为衣长的1/2。

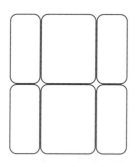

图 5-2　叠衣板的结构图

（2）学习服装测量方法和图纸标注规范

基于上述讨论，学生使用直尺测量自己的衣服尺寸，并在图纸上进行记录，然后依据测量数据结果，计算叠衣板各部分尺寸，并按照教师讲解的图纸标注基本规范，将叠衣板各部分的长宽尺寸和需要粘贴连接的位置标注在叠衣板结构图纸中，如图 5-3 所示。

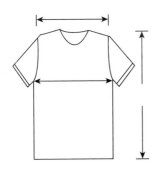

尺寸的标注要求：

● 数字一般应注写在尺寸线的上方，也可以注写在尺寸线的中断处

● 以毫米为单位时，不需标注单位

● 每一个尺寸只标注一次

图 5-3　衣服尺寸测量及图纸标注要求

【设计意图】

本阶段要注重引导学生充分收集和分析相关信息，为开展方案设计做好准备。要使学生意识到，设计方案并不是凭空而来，开展调查研究、进行数据收集是方案设计前的重要步骤。

在工程教育活动中，应注重对学生工程实践技能和态度的培养。在本案例中，学生练习使用直尺测量自己衣服的长和宽等，在测量过程中有明确的目的性，像这样将技能和方法的学习与实际应用建立联系，对于工程教育来说非常重要。本案例还将学生对图纸标注规范的掌握作为教学重点之一，图纸作为"工程师的语言"，也是工程教育活动的重要内容。

工程教育强调学生的工程实践能力，鼓励学生主动探究，但是教师作为指导者也要进行必要的讲解。像本例中"图纸标注规范"这样的内容，通过教师的讲解可以使学生快速掌握；另外对于国家标准等规范的学习，也有助于培养学生的规则意识，提升学生的工程素养。

3. 设计方案

学生分组讨论，根据自己所带瓦楞纸箱板的结构，思考如何将瓦楞纸箱板划分为图 5-2 所示的 6 个部分，使更加方便裁切，同时保证每一个部分都平整，没有原来纸箱的折痕。

学生讨论合理的分割方案，根据讨论结果，在纸箱板上画出裁切线，然后使用美工刀将瓦楞纸板裁出制作叠衣板所需的 6 个部分，再用美纹纸胶带将各个部分粘接，制作形成叠衣板。教师巡视指导，及时发现学生制作过程中出现的各种问题，加强引导并帮助解决。

图 5-4　制作过程

【设计意图】

设计制作是工程教育实践的重要环节，在活动中要特别注意实践材料和工具的可操作性与安全性。本案例选用了瓦楞纸板作为制作的主要材料，瓦楞纸板是生活中常见的包装材料，加工难度也相对较低，且材料容易获得，成本低。

在剪裁瓦楞纸板的过程中需要使用美工刀，在开始制作前，要对学生进行充分的安全提示，为学生演示正确使用美工刀的方法并要求学生加以练习。或者选用相对较薄的纸板，使用剪刀进行剪裁，提高制作的安全性，降低制作难度。

4. 试验模型

首先让学生测试自己制作的叠衣板是否与衣服大小相匹配，能否实现较好的叠衣效果。

然后组织学生进行"叠衣能手大比拼"，可使用如表 5-2 所示的记录表对学生的叠衣结果加以记录，使学生体会使用工具提高劳动效率的效果，增加学生的成就感和活动的趣味性。

表5-2　叠衣能手大比拼记录

叠衣方式	1分钟叠几件	叠10件用时
用手叠		
用叠衣板叠		

【设计意图】

模型测试通常首先要测试产品模型功能是否能有效实现以及实现的稳定性，本案例根据叠衣效果判断叠衣板尺寸设计的合理性。在测试过程中，要鼓励学生发现问题，自我修正，如尺寸的测量或剪裁出现偏差、折叠板连接位置不正确等。同时，还要对比展示不同的叠衣板剪裁和粘贴的制作工艺差别，鼓励学生"精细做工"。

5. 分析数据

学生将叠衣板各部分数据记录在表5-3中。通过对叠衣能手大比拼的数据进行分析，使学生意识到使用工具对于提高劳动效率具有重要的作用。

【设计意图】

在数据分析的过程中，使学生对自己的叠衣板制作水平有理性的评估，从而反思自己的制作过程。同时还要使学生认识到误差存在的客观性，不同的加工方式会产生不同程度的误差，在实际应用中要根据产品的使用目的和要求确定合理的误差范围。对于手工制作的叠衣板来说，存在一定的误差并不影响功能的实现，但在制作加工的过程中要尽可能地减小误差。

表 5-3　叠衣板各部分尺寸误差记录

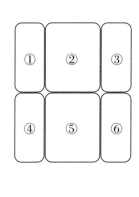

叠衣板组成	设计尺寸	实际尺寸	误差
①长			
①宽			
②长			
②宽			
③长			
③宽			
④长			
④宽			
⑤长			
⑤宽			
⑥长			
⑥宽			

6. 迭代优化

学生练习使用制作好的叠衣板叠自己的衣服。在实现叠衣板基本功能的基础上，教师引导学生观察实际生活中的物品（如手机、桌面、铅笔盒），提出问题"为什么几乎所有的物品都是圆角的？"，从而引导学生找到叠衣板的可改进之处，鼓励学生从产品的安全性和美观性考虑，改进自己的叠衣板，将叠衣板边缘剪裁成圆角，并对叠衣板整体进行个性化的美化设计。

【设计意图】

任何工程实践都不可能一次完成，测试和改进非常重要，往往需要多次循环往复，才能使产品最终达到投入运营的要求。在工程教育过程中，应鼓励学生不断迭代与完善自己的创作。对于不同年龄的学生要给予不同的指导，通常年龄越低，给出的改进指导意见就要越具体。

工程教育活动主题可以从产品设计、过程设计、系统设计等方面进行选取。

本案例叠衣板的主题内容为产品设计，产品设计更加具象，能够产出实物成果，适合各年龄段的学生。在产品设计和改进的过程中，应帮助学生理解产品设计中"以人为本"设计思想的重要价值。

7. 方案评估

组织学生展示介绍自己设计和制作的叠衣板，使用如表5-4所示的评价量规进行自评。

表5-4　评价量规

序号	评价内容	符合	不符合
1	图纸标注符合规范		
2	理解叠衣板各部分尺寸的计算方式		
3	能依据测量数据对同伴的设计给出建议		
4	知道制造和使用工具对人类的意义		
5	完成的叠衣板使用了圆角设计		
6	使用叠衣板收纳整理了自己家中的衣服		

【设计意图】

方案评估不是简单的优劣评判，而是给学生一个反思和交流的机会。在评估的过程中，要指导学生依据评价内容进行评价，反思自己的学习过程，总结经验和收获。同时，也要促进学生间的交流，通过建设性的反馈，帮助同伴发现问题，改进设计制作，并对好的作品和方法给出积极的反馈。

8. 运营管理

鼓励学生使用自己制作的叠衣板回家整理自己的衣物，通过图片或短视频的方式在班级群中分享。此外，还可鼓励学生通过各种方式将叠衣板的制作方法分享给更多的人，方便人们的生活。

【设计意图】

"整理与收纳"是劳动课程中日常生活劳动部分的内容，其教学贯穿整个义务教育阶段，是劳动课程中的重要内容。本课内容设计与劳动课程安排相吻合，课程最后鼓励学生运用制作的劳动工具进行衣物整理收纳，使学生的实践过程完整、有效。

（三）总结反思

工程教育应重视教育活动的真实性，思考需求情境是不是真实，由需求产生的问题是不是真实，定义的问题是不是真的被解决，成果是不是能被实际应用。在本案例中，学生制作的叠衣板可以在实际生活中使用，同时通过此活动培养了学生的劳动习惯。

CDIO 工程教育模式强调依托实际工程的构思、设计、实施和运营四个阶段，全生命周期开展工程教育。本案例中的工程教育活动更多体现在前三个阶段，对于运营阶段，出于条件限制和对学生能力水平的考虑，较少涉及，也属正常。但在工程教育过程中，不论是教师还是学生，都应对 CDIO 的四个阶段有清晰的认识，也应根据现实条件尽可能地体现运营阶段的内容，如在产品设计和制作时，考虑使用环境、维护成本、使用寿命、管理方式等方面的内容。

（本案例作者：赵宇　中国人民大学附属中学实验小学）

二、案例 2：火星着陆器设计制作

（一）课程背景

探索未知世界是人类的天性，好奇心驱使人类迈开太空探索的步伐。1957

年10月4日，苏联发射了世界上第一颗人造地球卫星，标志着人类进入了太空时代。1983年，美国提出了著名的"星球大战计划"。一直以来，航天领域的发展进步都是一个国家综合实力和创新能力的体现。航天是一项长期的系统工程，涉及众多学科和行业，需要一代又一代致力于航天探索的科技人才的努力。

我国也非常重视航天事业的发展，习近平总书记曾多次强调要建设航天强国，实现航天梦。"探索浩瀚宇宙，发展航天事业，建设航天强国，是我们不懈追求的航天梦。"按照国家发展规划，我国探月工程"嫦娥""玉兔"演绎了精彩的探月之旅，为我国未来月球与行星探测奠定了坚实基础。我国的"天问一号"成功实现了"一次发射完成环绕、着陆、巡视火星"三大任务，是世界航天史上的首例。航天工程主题的教育活动可以激发学生学习科技知识的热情，使中小学生了解、热爱航天事业。只有年轻一代了解和热爱航天事业，未来才会有更多优秀的人才加入这一行业并为之奋斗。

1. 课程内容简介

本课程以星际探索为主题，以着陆器设计为重点，鼓励学生使用简单的材料模拟太空探测器着陆。通过不断地挑战任务难度，经历从产生设计想法，到原型制作和试验，再到不断改进迭代的工程设计制作过程。使学生了解航天知识，发挥想象力与创造力解决问题，形成不断探究、勇于挑战的实践精神。

2. 学习者情况

（1）基本情况：本课程面向小学中高年级开设。

（2）工程素养：学生想象力丰富，乐于动手实践，对航天知识感兴趣，但对航天工程具体内容了解有限，缺少对真实工程实践过程的体验。

3. 课程目标

（1）工程问题解决：能够模拟航天器着陆过程，通过设计制作，实现航天器平稳着陆。

（2）工程技术应用：依据力学知识，应用不同材料和结构的特性，进行航天着陆器的结构设计。

（3）工程创造意识：体验工程设计过程，树立不断探索、勇于挑战的精神。

（二）项目实施过程

0. 项目准备

准备项目中会用到的材料及工具，如表 5-5 所示。

表 5-5　材料及工具准备清单

	名称	参数要求
材料	乒乓球	黄色（便于观察）
	一次性透明塑料杯	聚丙烯（PP），240 毫升
	A4 纸	70 克
	硬卡纸	A4，200 克
	瓦楞纸板	10 厘米 ×10 厘米
工具	剪刀	安全手工剪刀
	双面胶	12 毫米宽
	蓝丁胶	小块
	电子秤	小型

【设计意图】

本案例使用的材料具有成本低、简单易操作、多样化的特点。低成本的材料使活动更具有普适性，材料简单易操作有利于学生在有限的时间内进行加工、创造和改进，多样化的材料给学生提供自主选择的机会，有利于学生创作出多样化的问题解决方案。

1. 明确问题

（1）情境引入，引导学生了解相关背景知识。"火星人是很多科幻小说的主角，你觉得火星上有人吗？"请学生表达自己的想法。

人类一直想通过火星探测器来找出答案，可是让探测器在火星安全着陆是航天工程中非常有挑战的事。近60年来，已经有超过30组探测任务成功造访了火星，成功实现安全着陆的不足10个。

（2）发布挑战任务，明确工程问题：今天我们使用乒乓球模拟火星探测器，使用一次性塑料杯、硬卡纸等材料制作着陆器，着陆后乒乓球没有弹出塑料杯即为挑战成功。

要求：不能覆盖杯口，只能在杯子外部进行加工制作。

标准：分别从椅子（难度1）、桌子（难度2）、头顶（难度3）高度下落，塑料杯正立不倾倒，乒乓球不弹出。

【设计意图】

工程挑战类活动是工程教育的重要活动形式，通过设置挑战任务，可以激励学生大胆创新，不断优化解决方案。在发布挑战任务时，应该注意两点：一是明确挑战活动的要求（限制），一般包括材料选用、加工方式、时间限制、安全事项等方面；二是设立挑战成功的标准，标准应尽可能做到易观察、可量化，可设立不同难度的标准，鼓励学生不断创新。

2. 统筹要素

（1）可用材料分析：教师出示以下可用的材料。

基本材料：乒乓球、一次性透明塑料杯；

可选材料：A4纸、硬卡纸、瓦楞纸板；

可用工具：剪刀、双面胶、蓝丁胶。

小组讨论确认选用的材料，并说明理由。

（2）特别提示：在使用剪刀时注意安全，不能用胶粘贴乒乓球。

【设计意图】

在提供实践活动材料时，要注意开放性与可控性的平衡。提供丰富的材料可以提高任务的开放性，但同时也可能会对学生聚焦问题产生干扰，要根据学生年龄、课时长短等因素进行权衡，提供适当的材料。

3. 设计方案

完成初步方案设计，通过设计草图和说明文字阐明设计想法，并使用选定的材料进行尝试。将挑战过程记录在表 5-6 中。

表 5-6 挑战过程记录

	初步设计方案	改进设计方案	最终设计方案
设计草图			
设计想法说明			
完成挑战难度			

【设计意图】

方案设计不能简单地理解为画设计图。在教学中我们往往倾向于让学生"先计划再实施"，但是在解决实际的工程问题时，常常需要"边试验边确定方案"。学生的学习方式也是"从感性到理性"的过程。所以在教学活动设计中，不必强求学生必须先画好设计图再动手操作，可以同步进行，甚至可以先动手实践，然后再指导学生通过画图的方式记录和呈现设计方案。

4. 试验模型

选取不同小组的着陆器进行测试，图 5-5 所示为试验学生制作的着陆器模型。

图 5-5　试验着陆器模型

每个模型在 3 个不同的高度各挑战 3 次，记录挑战成功率，同时通过测量和观察，记录每个着陆器的重量、垂直投影面积和结构特点。将测试结果记录在表 5-7 中。

表 5-7　着陆器模型测试记录单

	着陆器模型 1	着陆器模型 2	着陆器模型 3
重量大小			
垂直投影面积			
结构特点			
成功次数			

【设计意图】

测试的过程对学生来说既是一个挑战的过程也是一个游戏的过程，对教师来说既要组织好课堂纪律，使测试有序开展，又要保持好课堂气氛，鼓励学生勇于挑战，不断创新。

5.分析数据

通过对模型测试数据的分析，引导学生思考着陆器的重量、垂直投影面积和结构特点对着陆器着陆的影响。使学生意识到着陆器越重，惯性越大，改变运动状态越困难；垂直投影面积越大，下降速度越慢；弹性结构和伞状结构可以起到缓冲作用。同时还要意识到，作为一个系统，几个因素会相互影响，如增大面积可能会同时使重量增加，需要综合考量各因素做出设计。

【设计意图】

在工程设计实践活动中，应帮助学生理解工程的"系统性"。依据学生年龄特点，将系统概念与具体实践问题相结合，使学生能够对多种因素形成的影响进行分析，统筹进行设计实施，这是工程思维培养的重要内容。

6. 迭代优化

展示真实的火星着陆器案例，介绍降落伞缓冲式、气囊弹跳式、发动机反推式、空中起重机式等不同的着陆方式，拓展学生的思维。

鼓励学生基于初步的方案设计和测试模型，从着陆器的重量、垂直投影面积和结构等方面对制作的着陆器进行改进，图5-6所示为学生针对增大投影面积做出的优化效果。也可让学生自己选择补充其他材料，如气球、塑料袋等，进行创新设计。

图5-6　增大投影面积优化

对于完成了难度3（头顶高度）挑战的小组，可以尝试更大难度的挑战，如进一步增大下降高度、增加乒乓球数量、将乒乓球换为玻璃球或鸡蛋等。

【设计意图】

工程挑战的重点就在于不断地迭代和优化。在迭代和优化的过程中，教师需要指导学生不要仅关注挑战的成败，还要向不同的小组学习创新性的想法，关注对挑战问题的多样化的解决方案。

7. 方案评估

针对着陆器设计的评价量规如表5-8所示。

表 5-8　评价量规

评估维度	具体表现			
成功完成挑战情况	□难度 1	□难度 2	□难度 3	□超高难度
过程记录是否完整	□有设计草图		□有设计说明文字	
设计方案改进效果	□没变化	□有进步	□进步显著	
小组团队合作情况	□发生冲突	□合作较好	□齐心协力	

【设计意图】

各评估维度的具体表现要尽可能地明确、具体，且不能过于复杂，这样才具有可操作性，避免流于形式。评估维度应包括对学习结果和学习过程两方面的评估。

8. 运营管理

（1）为着陆器起名。已经成功登陆火星的着陆器有：探路者、勇气号、机遇号、好奇号、毅力号等。图 5-7 所示为我国"天问一号"着陆器，其名字源于屈原长诗《天问》，表达了中华民族对真理追求的坚韧与执着，体现了对自然和宇宙空间探索的文化传承，寓意探求科学真理征途漫漫，追求科技创新永无止境。

你打算给你们的着陆器起一个什么名字？这个名字有什么含义？

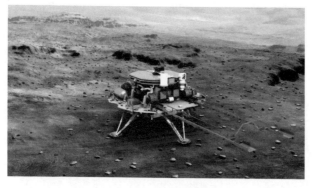

图 5-7　"天问一号"着陆器

（2）了解火星。人类登陆火星的成功率远低于登陆月球，这和火星的自然环境有很大关系，请你进一步了解火星的哪些环境因素会对火星着陆产生影响。

【设计意图】

在工程教育的过程中不应忽视对学生人文素养的培养。为着陆器起名字的活动，一方面是对整个挑战活动的"点题"，另一方面是丰富实践活动的内涵，使学生不局限于理性的科学探究，帮助学生意识到科学精神与人文素养相辅相成的关系，鼓励学生不断提升自身的人文素养。

（三）总结反思

人类对飞行、对太空的向往是美好的，也是充满想象的。航天类课程是工程类课程的重要主题之一。航天类课程一方面要鼓励学生大胆想象，创造性地解决问题，另一方面要训练学生从科学原理出发，脚踏实地地进行理性的探索。

航天主题内容涉及前沿科学技术，涉及多方面的综合研究。应尽可能地从不同的领域出发，给学生设计多样的学习内容。也可以使用现代信息技术，如虚拟现实等手段开展教学。还可以选择简单、易获得的材料，使学生能够开展相关实践活动。总之，航天类课程的内容、形式、手段可以多样化。

（本案例作者：赵宇　中国人民大学附属中学实验小学）

三、案例 3：小小净水站——拯救母亲水窖计划

图 5-8　小小净水站

（一）课程背景

水污染问题是全人类面临的重大挑战，联合国制定的 17 个全球可持续发展目标中就包含"清洁饮水与卫生设施"。联合国儿童基金会和世界卫生组织联合发布报告《2000—2017 年饮用水、环境卫生和个人卫生进展：特别关注不平等状况》，显示截至 2017 年，全世界约有 22 亿人没有安全管理的饮用水服务，42 亿人没有安全管理的卫生服务，30 亿人缺乏基本的洗手设施。而这一情况近些年来并没有明显改善。

中国的降水量分布极为不均衡，有部分偏远地区仍面临生活用水的困难。水环境和水安全问题的解决需要年轻一代持续保持关注，运用工程智慧进行解决。（孟超 等，2012）可喜的是，我国的中小学校已经较广泛地开展了节约用水教育，在中小学生科技项目和课外活动中，也有很多与水污染相关的项目。但在实际教学中，通常是说教多学生的直观体验少，学生很难对水污染问题有深入的认识。于是案例团队选择了"水质检测与净化"这个主题，聚焦西北干旱地区水窖蓄水污染问题，组织学生开展工程实践。

1. 课程内容简介

本课程以水质的检测与净化为主题，涉及部分初中物理和化学知识，利用 Arduino 控制器和相应的传感器技术实现水质检测，再由生活中常见的材料和工具搭建产品原型，完成工程挑战任务。整个过程中渗透了研究方法和数据意识的培养。

整个工程问题围绕西北干旱地区的水窖污染问题展开，学生经历净水工程目标分析、水质指标选择、净水材料选择、装置仪器搭建、工程造价核算、投标标书撰写和展示答辩的全过程。

2. 学习者情况

（1）基本情况：本课程面向初中学生开设，20 人以内小班制教学。

（2）工程素养：初中生普遍缺乏工程视角的思考，很少以真实问题解决为目标，缺乏对实际场景和限定条件的思考（如价格、效率、行业规范、地区差别），缺乏方案优劣权衡分析的经验。他们习惯直接动手实践，不进行前期的方案设计，没有主动进行评估和优化的意识，缺少对运营层面的考虑。

3. 课程目标

（1）工程问题解决：能对净水工程问题提出多元解决方案，形成系统性报告，通过模型进行验证，权衡评估方案的价值。

（2）工程技术应用：在真实问题解决过程中正确运用水质检测和净化技

术，通过简单的材料实现特定目标的水质净化。

（3）工程创造意识：正确认识水质净化的过程和意义，体会运用工程技术创造性解决水污染问题的过程。

（二）项目实施过程

0. 项目准备

使用如表 5-9 所示的团队分工表完成团队组建。

表 5-9　团队分工表

职位	人员	工作内容
工作组长		协调组织团队，确保按时完成任务。
研究员		制订和调整测试方案，设计记录表格，总结结论。
工程师		搭建测试设备，解决技术问题。
测试员		根据研究方案进行测试，记录数据。
宣传员		在大纸上绘制美观的记录表格，演讲展示结果。

【设计意图】

在 5 人的小组中，学生应该有明确的分工，这样才能更深度地参与课程。分工并不意味着某项任务只属于一个学生，而是该学生作为这项工作的领导者和沟通者。教师在布置每项任务时可以只召集每个小组的相应负责人开会，由相应负责人向组内其他成员传达信息，并保证按时完成任务。

1. 明确问题

（1）情境引入：播放《水来万物生》纪录片，其中不少震撼人心的纪录影像反映了西北贫困干旱地区的用水困难和近年来的改观情况，由此引发学生的同理心。

图 5-9　《水来万物生》纪录片截图

（2）发布工程招标任务，如图 5-10 所示，将引入情境具体化。

西北 ×× 县工程招标

　　根据《中华人民共和国政府采购法》等有关规定，现对西北地区陕西省某县水窖蓄水污染检测与净化项目进行公开招标，欢迎合格的供应商前来投标。

　　背景：

　　我县居民收入较低，水资源严重短缺，几乎所有农村家庭的日常用水全部来源于水窖。以往水窖中储存的三个月的雨水，要支撑一个家庭一年的全部用水。现在水窖依然是我县重要水源之一，水窖蓄水污染问题亟待解决。

　　工程目标：

　　希望各供应商能提供解决方案及标准化的设备原型，使得水窖被污染的水实现最高性价比的再利用。

图 5-10　工程招标任务

（3）学生查阅文献，深入了解解决水窖水污染问题的相关项目开展情况和遇到的问题，以及现有的解决措施有哪些优点和不足。

（4）教师与学生讨论，设定明确的工程目标：使水窖中被污染的水经过净化后以最高性价比再利用。

【设计意图】

城市中的孩子往往缺乏对水污染和水资源短缺问题的直观体验，通过纪录片引入能够更好地将学生带入情境之中。然后通过工程招标任务进一步明确任务情境，在讨论中引导学生准确地定义工程目标。

2. 统筹要素

（1）分析讨论工程任务的限制性条件

净水装置的具体用途是什么？净水材料的种类有哪些？整个装置的造价（含材料）是多少？

（2）汇总项目资源

有哪些获取信息的来源？解决遇到的技术或专业问题的方式有哪些？对净水问题的实地观摩体验可以去哪些场所？实施项目时当地可以利用的资源有哪些？可以从其他地区低价大量获取的资源有哪些？

【设计意图】

统筹要素环节要针对问题情境中列举的各项要素和工程目标展开，是一个开放式研讨的过程。限制性条件越多，挑战性任务的难度就越高。项目资源可以由教师提供，作为辅助学生开展项目的脚手架。

3. 设计方案

选用生活中常见的、廉价的材料进行净水。首先要了解检测水质有哪些指标，并掌握相应的检测技术。然后用特定的水样来模拟污水，水样的选择主要应注意与指标的关联，便于学生对比实验。最后学生提出并寻找生活中的常见材料用于净水实验。根据以上要求设计方案，检验单一材料的净水效果。

实验方案的设计过程还要合理考虑工作量，如果全部水样和净水材料进行交叉实验，需要进行的实验很多，可能耗时超出预留时间。可以只关注某一项水质指标，或只选择一个污水水样进行处理，但要引导学生按照能够得出结论的方式设计方案。

如图 5-11 所示为实验方案设计。

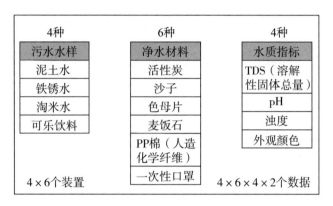

图 5-11　实验方案设计

【设计意图】

本部分的方案设计更像是一个科学探究的主题，工程实践过程也不能脱离科学的支撑。如果没有单一材料净水效果的数据，学生是无法合理选择最终使用哪些净水材料以及相应用量的。科学与工程在项目中总是相互支撑。最终解决工程问题的方案设计在优化部分进行呈现。

4.试验模型

利用矿泉水瓶制作简易净水装置开展试验，利用棉花和纱布对矿泉水瓶进行封口，防止净水材料泄露。通过图 5-12 所示装置对不同水样和净水材料按照设计好的方案进行净水试验，在如表 5-10 所示的记录表上记录相应数据。

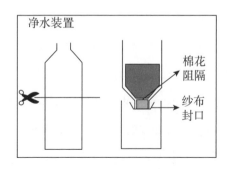

图 5-12　装置设计及试验材料

表 5-10　单一材料净水数据记录

	纯净水		水样二		水样三	
	净化前	净化后	净化前	净化后	净化前	净化后
TDS						
pH						
浊度						
外观颜色						

【设计意图】

实践环节往往是学生最兴奋的环节，教师应做好充分的引导，提供足够的支持（物质、技术和方法层面），帮助学生在动手实践中实现深度思考，并做好过程性记录，留下典型照片或视频，以供分析和优化环节使用。

5.分析数据

通过科学合理的实验方案设计和测试后，得到净水试验的数据，如图 5-13 所示。合理使用数学方法，如误差分析和数据可视化呈现等对数据进行处理。

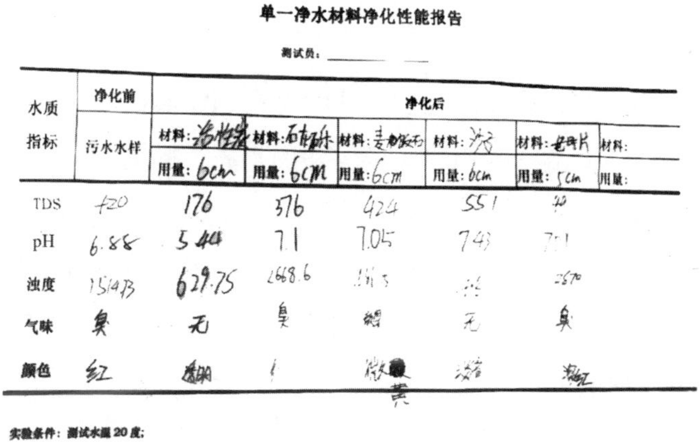

图 5-13　净水试验数据

【设计意图】

数据是研究过程中重要的支撑材料，在确定工程设计方案时是一定要依赖数据的。数据的正确采集、分析和解读是做出正确工程决策的关键。数据分析过程也会面临诸多挑战，需要教师提供数据分析的基本方法，并引导学生合理进行数据记录。

6. 迭代优化

迭代优化的过程一定是基于前期试验发现的问题。例如，试验过程中发现控制变量对试验结果有很大影响，最难控制的一个变量是进水速度，所以在后续试验中选择利用水泵抽水来统一进水速度，如图 5-14 所示。

图 5-14　水泵进水优化

再如，最初的方案设计仅关注了净水材料和水质指标，没有与净水目标相关联，实际上不同的净水用途需要关注的水质指标也不同。另外，工程任务还要关注成本问题，所以在优化改进净水方案时也要一并考虑用量和成本。

最终呈现的投标方案需要既有设计又附上科学实验的测量数据，还应该关注更多实际应用方面的指标，如净水速度等。最终将设计方案记录在如表 5-11 所示的投标方案记录表中。

表 5-11　投标方案记录表

工程目标： 净化后的地窖水可用于 ＿＿＿＿＿＿＿＿＿＿
装置设计（包含材料名称和对应功能）：
水质净化数据： 我们认为净化后的地窖水在该用途中应重点关注以下水质指标（将要测量的水质指标列于下方）： 水质净化前后测量得到的数据如下：
工程造价核算：
净水速度报告：

综合评估（是否能够实现工程目标，有何优缺点）：

【设计意图】

工程优化的过程，其实是对模型制作和测试过程中发现的问题进行改进，是一个方案再设计的过程。如果发现模型实现效果不佳或某些环节误差过大，可以通过技术手段进行改进。但有时还会发现设计方案离目标相差很远，这时可能就需要重新设计方案或者调整目标预期。

7. 方案评估

在课程的尾声，按照如表 5-12 所示的方案进行一场招标答辩会，以小组展示、评委打分和点评的方式开展。图 5-15 所示为答辩过程照片。

表 5-12　净水招标答辩实施方案

各组展示准备	
负责人：每个团队中的宣传员	
材料一：海报	宣传海报要反映产品特色和科学性，用彩笔在大纸上绘制。
材料二：过程记录	测试方案和数据记录表要上交老师进行汇总，供各组传阅。
材料三：PPT	PPT 中要有图片或视频，记录小组活动过程和关键数据分析。
材料四：投标书	完成投标书模板规定内容的填写，且要与 PPT 演讲内容一致。
评委	
本课两位任课教师和未参与课程的本年级其他三位教师。	
成果发布	
纸质版展示材料将粘贴在教室外墙，电子版材料上交后教师择优发布在校内平台。	

图 5-15　答辩过程照片

【设计意图】

交流展示环节往往是工程主题的 STEM 课程的尾声，学生需要对自己的过程性记录进行梳理总结，形成具体的方案，并拿出足够的支撑性材料。一个好的展示需要非常精心的准备（师生共同参与），而且往往在准备展示交流的过程中又会产生新的迭代优化，所以教师需要在此环节预留足够的时间。

表 5-13　活动评价量规

评价内容	未达标	良好	优秀
工程创造意识	无法正确认识工程问题背景，提不出有价值的解决思路。	在教师的引导下能够认识母亲水窖污染的问题背景，能够初步提出工程问题解决思路。	正确看待母亲水窖污染问题，有强烈的解决问题意愿，运用工程思维创造性地提出解决思路。
工程问题解决	无法正确分析工程问题，展示不出工程问题的解决方案。	能够基本理解工程问题，尝试运用知识分析问题，基本呈现出解决方案。	正确分析工程问题，综合运用知识与技能解决问题，以新颖的方式呈现整体解决方案。
工程技术应用	无法掌握实验技术，或实验与工程设计方案无关联。	在教师的帮助下能够开展技术实验，初步验证工程设计方案。	合理运用各种工具设备开展实验，利用技术实验准确验证工程设计方案。

8. 运营管理

本课程中的净水实验和净水装置依然是研究模型阶段，离解决真实问题还有一定的距离。但是若学生对水质检测的传感器和设备运用熟练，也可以较为容易开展运营。运营层面的工程目标培养作为项目后续扩展内容。

具体可行方向：

● 根据水质检测装置设计方案，对学校用水定期提供水质检测和对比服务。

● 设计便携式水质检测装置，采购一次性水样装载容器，为同学和老师提供家庭水质检测服务，并尝试进行商业化。

【设计意图】

运营管理往往是现阶段的 STEM 课程中最缺乏的部分，课程实施仅仅停留在装置模型阶段，离真实场景的应用还有很远的距离，学生也没有体验真正解决问题。本环节最后提出的可行方向希望引导学生关注真实问题，尝试利用课程中所学去提出解决方案。运营管理可以在课后进行，也可以招募学生成立社团进行探究解决。

（三）总结反思

课程主题的选择非常重要，以工程为引领的 STEM 课程主题可以选择具有一定复杂度的大问题，这样更容易进行工程思维的培养。本课程实施过程按照工程思维培养模式进行，采取了一些工程思维培养策略；同时注重了与科学和数学的有机结合，通过科学探究支撑工程设计，这也是该项目希望凸显的亮点。

本课程还存在一些不足之处，数学的深刻运用没能充分体现，实践过程所需材料装置较多，对教师的课堂组织管理要求较高，学生在探究过程中兴奋度高，但也有部分小组无法在规定时间内完成任务，任务分层设计略显不足。

（本案例作者：申大山　清华大学附属中学）

四、案例 4：智能送菜机

（一）课程背景

借助科技的发展，送餐机器人能实现送餐效率高、人工成本低，以及降低新冠疫情期间人员接触的风险、提高结算收款等工作效率的目标，由此产生设计智能送菜机的想法。

1. 设计理念

引导学生从生活出发，用优化迭代的视角来看待事情，找到其中的规律，然后依据规律加以设计，实现更加自动化与智能化的效果，给人们提供更方便的生活。

2. 项目问题

引导学生思考如何提高送菜机的实用性，如何做到送菜智能化而无须人工操作等问题，明确项目目标。

3. 课程目标

（1）工程问题解决：通过对精准送菜、自助结算问题的探究，设计出智能送菜机的模型，通过模型进行验证，解决现实生活中的问题。

（2）工程技术应用：在问题解决的过程中，通过机械结构和原理的使用，以及编程基本逻辑的编写，实现智能送菜的效果。

（3）工程创造意识：真正理解智能送菜机的意义，体会如何运用工程技术创造性解决自助结算的问题。

（二）项目实施过程

1. 明确问题

（1）情境引入： 给出餐厅结算收款时拥挤混乱的图片，引导学生思考如何解决这一现实问题。

（2）与学生讨论，设定工程目标：提高送菜机器人的实用性，实现送菜智能化而无须人工操作等。

【设计意图】

通过现实生活中餐厅结算收款比较慢以及混乱的情况，引出设计智能送菜机、实现智能送菜以及结算的需求，提高工作效率，让学生明确项目目标。

2. 统筹要素

（1）分析讨论工程任务中的限制性条件

例如：智能送菜机的功能用途，智能送菜机的种类以及结构，整个装置的造价（含材料），模型的搭建以及程序的优化。

（2）汇总项目资源

思考开展研究的过程中获取信息的来源有哪些，遇到技术或专业问题可以寻求的资源有哪些。

【设计意图】

统筹要素环节要针对问题情境中的各项问题进行探讨，要知道有哪些限制性条件，比如，目标、功能、整体模型的结构以及程序如何设计，可能需要哪些资源，等等，项目资源可以由教师提供，辅助学生开展项目。

3. 设计方案

为了实现智能送菜机的基本功能，可以引导学生按照智能送菜机主控部分的搭建、智能送菜机主体部分的搭建、智能承载菜盘结构的搭建几个部分拆解设计项目，以一个个小项目的设计方案构建起整个项目的设计方案。

（1）智能送菜机主控部分的搭建

主控部分核心零件介绍：颜色传感器、Spike 主机、7 孔梁、连接销。

主控部分通过连接销将颜色传感器安装在固定好的主机一侧，注意颜色传感器方向朝上。

（2）智能送菜机主体部分的搭建

主体部分核心零件介绍：中型框架、O 形框架、大型电机、双弯梁、小双锥齿轮（注意使用数量）、大齿轮、中齿轮、中双锥齿轮、齿条、薄片。

主体部分的搭建如图 5-16 所示。

用两个中等 O 形框架将大型电机用连接销固定在一起。

中型电机用连接销固定，注意和大型电机不在同一侧，否则，两个电机转动方向相反。

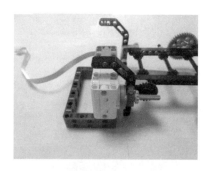

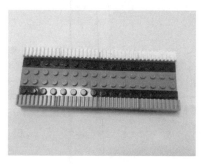

图 5-16　传动部分的整体搭建

将双弯梁和 L 形梁用连接销连接在一起，搭建好支架部分，然后将 15 孔梁和 9 孔梁与另一个 9 孔梁用连接销连接在一起。

选择轴和小双锥齿轮以及轴套，每隔 4 个孔安装在相应的位置，然后在第 3、4、5 个轴上安装齿轮传动（注：小双锥齿轮需要 10 个，提前准备好）。

选择 15 孔梁和小 L 形梁来做限位，让齿轮齿条在相应的轨道内运行。

齿条的设计要注意齿条在两侧。

（3）智能承载菜盘结构的搭建

如图 5-17 所示，智能承载菜盘结构的搭建 -1。

承载菜盘部分核心零件介绍：O 形框架、中型电机、齿条、7 孔梁、13 孔梁、11 孔梁、9 孔梁、L 形梁。

将两个 O 形框架和中型电机用连接销固定，然后用小单锥齿轮和大双锥齿轮安装垂直传动。

利用 L 形梁、9 孔梁等部件组装出移动托盘的轨道部分，并将此部分与动力来源安装在一起，构成运送菜盘装置的底部基础，如图 5-17 所示。

图 5-17　智能承载菜盘结构的搭建 -1

利用 O 形框架、13 孔梁、7 孔梁、齿条等部件搭建运送菜盘装置的上层托盘部分。搭建完成之后将其与底部动力部件卡接在一起，构成完整的智能承载菜盘结构，如图 5-18 所示。（注：齿条部分要能与下方齿轮啮合。）

图 5-18　智能承载菜盘结构的搭建 -2

将智能承载菜盘结构安装在智能送菜机主体部分的链条轨道上，进行智能承载菜盘结构功能的初步调试。至此，智能送菜机完整结构搭建完成，如图5-19所示。

图 5-19　智能承载菜盘结构的搭建 -3

【设计意图】

本部分的方案主要是根据智能送菜机的结构来设计的，分为主控、主体、承载菜盘几部分，通过模型来模拟智能送菜机的工作过程。在搭建模型的过程中学生可以思考如何优化运行方案，不断调整模型的结构。

4. 试验模型

在模型搭建完成的基础上进行智能送菜机的程序设计，使其功能完善，从而更具实用性与可行性。

（1）电机运转的调试

①齿轮齿条传动用大型电机和中型电机带动，测试两个电机的速度，如图5-20 甲所示。

②智能承载菜盘装置中齿轮运动速度和时间的调试，如图5-20乙所示。

图 5-20　电机运转的调试 -1

③齿轮齿条带动承载菜盘装置运动速度的设置，如图 5-21 所示。

图 5-21　电机运转的调试 -2

④分别到达第一个位置、第二个位置，托盘装置上菜再回收的运动程序调试，如图 5-22 甲、乙所示。

⑤到达第三个位置完成上菜并回收的运动后再回到原点的程序调试，如图5-22 丙所示。

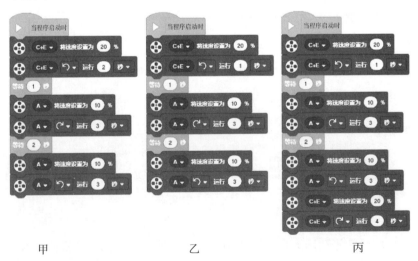

图 5-22　电机运转的调试 -3

（2）利用颜色传感器进行识别

①颜色识别的初步调试，如图5-23所示。

图5-23　颜色识别初步调试

②根据不同颜色传输到相应位置的程序设计，如图5-24所示。

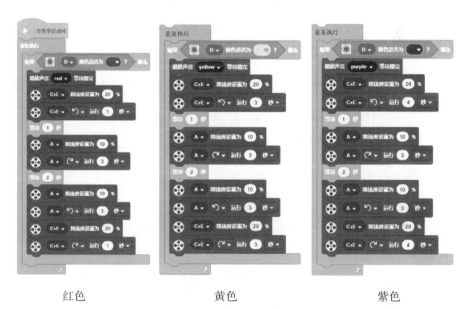

红色　　　　　　　　黄色　　　　　　　　紫色

图5-24　颜色传输程序设计

【设计意图】

通过程序实际操控模型来验证模型的合理性，通过对电机运行速度、承载菜盘的速度与时间的调试，以及完整的点位运行和单独颜色的运行，来实现智能送菜机智能送菜的功能。

5. 分析数据

数学思想和计算思维不仅表现在能够利用数学方法解决相对困难的问题，

还表现在能够对不确定的情况做出规划、进行学习和调度。本案例要引导学生利用数学方法解决问题，优化智能送菜机的设计。

（1）电机运行速度的调试

通过计算与调试找出合适的电机运行速度，确保托盘可在轨道的传动下准确到达指定点位，如图5-25所示。

图5-25　电机运转速度调试

（2）智能承载菜盘装置中，中型电机带动齿轮运动转数的数据分析与解释

通过速度数据调试找出相对合适的转数，并通过实际演示分析解释数据，从而验证所调速度时间是否合适，如图5-26所示。

图5-26　数据分析与解释

（3）智能送菜机轨道带动菜盘传送的完整运动数据调试

通过对速度和时间的设置保证菜盘可在轨道上按照三个点位连续运行，并通过相应的时间设置保证菜盘准确传送到对应位置且依次完成上菜和回收的动作，再将菜盘整体由轨道带动回到原点。通过实际演示确定预设的数据是否合适。

（4）智能送菜机单个颜色的轨迹调试

图5-27所示为单个颜色轨迹调试。

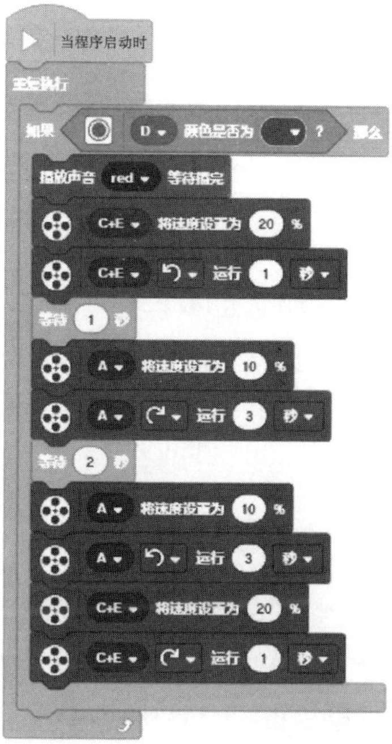

图 5-27　单个颜色轨迹调试

通过对颜色传感器的数据调试，保证传感器对颜色的准确识别，再通过对大型电机和中型电机转动的速度以及中型电机带动下齿轮运动相应数据的调试，保证托盘可在轨道带动下传送到颜色所对应的位置，齿轮在中型电机的带动下使托盘完成上菜和回收的动作，最后再整体被轨道带回原点。实际演示与数据调试分析相结合，确定合适的数据。

【设计意图】

分析几种不同模块的数据调试，比如大型电机和中型电机运行速度与时间的调试、能否到达几个点位并完成上菜及回收的调试，以及识别出相应颜色后能否到达指定点位的调试。

6. 迭代优化

迭代优化是指对设计成果进行多种解释和预测，并通过解释和预测发现思路的不足与局限性、理解的错误之处和设计缺陷，在此基础之上进行客观分析和改造，使设计思路更为清晰，使模型更为完善。

（1）上菜后供客人取菜的延时设置

餐厅实际的上菜流程是菜盘在轨道的带动下到达相应位置并上菜后，应预留足够的时间供客人取菜，然后再进行回收动作，并前往下一个点位上菜。为达到这一效果，在齿轮带动托盘完成上菜动作后，应设计一定的延时，预留出充足的时间供顾客取菜，如图 5-28 所示。对应用场景的预想能使模型更具实用性。

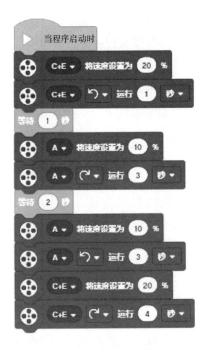

图 5-28　延时设置调试

（2）对模型搭建的解释和思路的梳理

在模型搭建的过程中，教师对每一个步骤进行清晰的解释和讲解，使送菜机模型的工作原理清晰呈现，使学生对送菜机模型设计的理解更为深刻，这有利于学生设计思维的开阔和对设计思路的梳理。学生优化后的模型如图 5-29 所示。

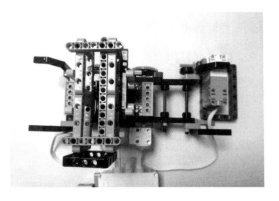

图 5-29　经过优化的模型

（3）颜色传感器原理的应用解释

在已建模型基础之上，通过程序设计和实际演示解释颜色传感器的应用原理，如图 5-30 所示。

图 5-30　颜色传感器原理的应用解释

事物运行有自己的客观规律，而人们理解和发现这个客观规律则是不断学习不断验证，找寻到突破口之后围绕其不断论证的结果。这便是一个基于客观事实展开的实验过程，我们称之为基于证据进行论证。

（4）颜色传感器应用原理的论证

通过颜色传感器识别菜盘颜色，并将相应颜色菜盘所盛的菜品准确送到顾客手中，这种思路是否合理？

通过对相应程序的设计，传感器可准确识别颜色并将模型中的托盘准确带至相应点位。因此通过模型搭建和程序设计的论证证明利用颜色传感器进行送菜的思路是科学合理的。

【设计意图】

优化过程是对模型制作和测试过程中发现的问题进行改进，其实是一个方案再设计的过程。如果发现模型实现效果不佳或某些环节误差过大，则可以通过技术手段进行改进。但是有时还会发现最初的想法离目标实现距离很遥远，可能就需要重新设计方案或者调整目标预期。

7. 方案评估

在课程的尾声，模拟一个真实的自助取餐结算情境，每个小组展示自己的作品，验证能否实现自助取餐以及结算的效果，检验哪组能够非常好地完成整体的任务。

【设计意图】

交流展示和方案评估环节往往是工程主题的 STEM 课程的尾声，学生需要对自己的作品能否很好地实现预期效果进行验证和分析，而且往往在准备展示交流的过程中又会产生新的迭代优化。

8. 运营管理

本课程中设计的智能送菜机依然处于模型研究阶段，距离解决真实问题还有一定的距离。但可以利用送菜机的结构功能和原理，去解决其他方面的问题，学生可以思考该模型还可以用于什么场景，并进一步实践。

【设计意图】

运营管理往往是现阶段 STEM 课程中缺乏的部分，本课程的实施仅仅停留在装置模型阶段，离真实场景的应用还有很远的距离，学生也没有体验真正解决现实问题。所以希望引导学生关注真实问题，尝试利用课程中所学去提出解决方案。

（三）总结反思

本次课程主题选取源自生活中的真实情境，引导学生发现问题和寻找规律，并对自己的设计加以优化，通过项目式进行分解，构建整个设计方案，并使用程序使其具有可行性与实用性。在这个过程中，学生使用数学思想和计算思维不断地调整已有设计，优化送菜机的效果。

在课程设计过程中也需要注意，菜盘的结构对于程序的设计也有影响，可能会导致菜盘无法到达指定位置或者回到原点，搭建菜盘时要注意细节的把控。

（本案例作者：邱楠　清华大学附属中学）

五、案例 5：动力火箭

图 5-31　动力火箭

（一）课程背景

航天类的 STEM 课程开发与实施是培养未来航天领域科技创新人才的重要举措。清华附中的航天类 STEM 课程同时面向初中学生和高中学生开设。初中阶段定位在培养学生的基础研究素养和提升学生的动手实践能力，激发学生兴趣。高中阶段更加注重学生发现问题和自主研究能力的提升。

"动力火箭"STEM课程，希望通过简单易行的方法，在教室内开展关于火箭问题的研究，同时注重建立各学科知识与火箭项目实践之间的联系，充分体现STEM教育的特色，落实工程思维的培养。

1. 课程内容简介

火箭本身是一个非常复杂而庞大的系统，需要选择合适的切入点来进行课程设计。本门课程将火箭的研究划分为三个部分：动力问题、结构问题和轨道问题。

动力问题：解决火箭怎么飞起来。学生思考火箭飞行动力来源，并设计和实验几种推进方式。例如，乙醇作为燃料的引擎实验和橡皮筋弹性驱动实验。

结构问题：解决火箭的稳定性。探讨为什么要用火箭这样的结构装置飞出地球，以及什么样的火箭是稳定的。结合物理受力分析，了解压心和重心在火箭设计中的重要作用。实践过程利用相关软件模拟火箭发射过程，然后通过3D打印或手工制作方式，制作火箭模型以备测试。

轨道问题：解决火箭飞到哪里去。模型火箭在教室的飞行接近物理中的斜抛运动模型。通过制作气动发射系统，学生测试火箭飞行数据，结合数据分析建立数学模型。

课程核心工程任务：气动火箭可以准确抵达教室内任意指定位置。

2. 学习者情况

（1）基本情况：本次课程面向高中学生开设，25人以内小班制教学。

（2）工程素养：高中生科学理论知识学习较丰富，但是与工程实践的联系较少，普遍缺乏工程相关的体验，系统性分析和解决工程问题的意识与能力较弱。

3. 课程目标

（1）工程问题解决：运用系统分析方法解决气体动力火箭发射系统误差

问题，完成实现特定落地点的发射任务。

（2）工程技术应用：综合运用设计软件和智能制造技术完成模型火箭发射支架、模型火箭箭身的设计制作。

（3）工程创造意识：团队分工合作完成模型火箭发射系统测试，全面提升认知与合作、创新等职业能力。

（二）项目实施过程

1. 明确问题

（1）情境引入

从全球范围来看，火箭研制商业化、低成本化不断取得新突破。美国太空探索技术公司 Space X 引爆了世界对商业航天领域的关注，"猎鹰 9"火箭的发射实现第一级海上回收，它是人类第一个可实现一级火箭回收的轨道飞行器；中国也有多个具有自主研发技术的民营火箭制造公司成立，获得了多项融资。

在宇宙探索的进程中，人类的目标一直是走出地球，走向更远的星球。人类迄今为止唯一登上的星球仅仅是我们的卫星——月球，但距离人类上一次踏足月球已经过去了半个世纪。太空探索一定需要更低成本、更高安全性的飞行器。

2020 年 11 月 24 日，中国"嫦娥五号"月球探测器在"长征五号"运载火箭的搭载下飞向月球，最终实现了月球土壤采样返回任务。"长征五号"运载火箭也成为中国航天界的骄傲。

关于"长征五号"，中国航天人有这样一句话："长征五号"火箭完全有能力把探测器送到太阳系的任何一个角落。你能从这句话中找到两条关键含义吗？

（2）明确工程任务目标

气动火箭可以准确抵达教室内任意指定的位置。

【设计意图】

任务目标会决定任务难度，根据不同学段的学生情况，可以调整任务目标，如面向小学生可以将任务设定为使火箭飞得更远，此时就可以只关注箭身设计。而面向高中生时，由于学生已经经历了斜抛物理模型的学习，也有数据采集和分析的意识，可以选择气压和角度两个变量，探究落地点与气压的关系。

2. 统筹要素

（1）讨论工程任务的限制性条件

包括火箭使用吸管等简易材料的制作、教室内空间有限、教室高度有限、气动火箭飞行速度有要求、箭身质量有要求、气动发射装置动力有上限等。

（2）汇总项目资源

开展研究的过程中可以获取信息的来源有哪些？解决遇到的技术或专业问题的方法有哪些？项目扩展时，如制作户外飞行距离更远的可控火箭可以利用哪些资源？

（3）物理定律制约

吸管火箭室内飞行轨迹等效为有阻力的斜抛运动模型。

【设计意图】

统筹要素环节可以帮助学生明确任务限制，在不同限定条件下可以开展的项目是不同的，如火箭是在室内还是室外飞行，需要考虑的环境因素就完全不同。在室内实验时，角度过高可能会撞击天花板，教室长度不够，又会超过火箭飞行的最大射程。

3. 设计方案

（1）吸管火箭结构设计

要使吸管火箭稳定飞行，必须符合气动稳定性，也就是质量中心（重心）

必须在气压中心（压心）之前。重心很容易找到，但是压心不太容易通过实验找到，需要通过计算模拟。在利用吸管设计火箭的过程中需要思考什么样的尾翼和载重配合能够得到稳定的火箭。

这里的箭身外观设计可以借助开源软件 Openrocket，它可以根据我们选择的质量分布和尾翼形状自动计算重心和压心位置，评估稳定性，如图 5-32 所示。在这个过程中还可以研究尾翼形状、位置、大小对压心的影响。

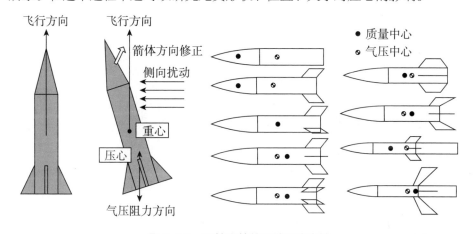

图 5-32　吸管火箭外观结构稳定性

（2）发射支架设计

发射支架的最主要作用就是使火箭能够稳定地立在桌面上，并实现发射角度的调整和读取。学生既可以选择手绘设计图，然后利用简易材料动手加工，也可以选择利用 CAD 电脑绘图，如图 5-33 所示，后续使用激光切割机加工。

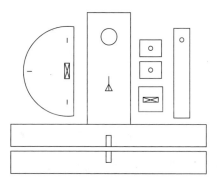

图 5-33　火箭发射支架 CAD 设计图

（3）气动发射系统设计

火箭的发射一定需要控制。为了减轻吸管火箭的重量，设计的控制系统（见图 5-34）位于发射支架部分，通过 Arduino 控制器控制继电器来间接控制电磁气阀的开关，从而实现对发射的控制。改变气阀的通断时间就可以控制一次发射提供的压缩气体的量。

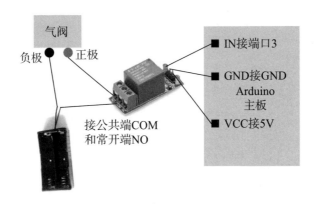

图 5-34　火箭发射控制系统

【设计意图】

设计过程需要借助系统分析方法，将整个系统拆分为三个子系统（箭体、发射架、气动系统），分别从三个角度开展设计。充分利用计算机辅助，无论是对箭体稳定性的分析、发射支架的精确设计还是气动系统的编程控制，合理使用技术工具都能够有效提升学生的设计能力。

4. 试验模型

（1）制作火箭箭身

在工程中一定是先有设计再有制作。学生在不具备工程素养时制作火箭箭身，往往不考虑气动稳定性，仅仅凭感觉来设计尾翼的位置和大小，如图 5-35甲所示，这样做出的火箭在空中的飞行轨迹是混乱的，无法进行后续试验。

所以设计火箭的制作方案十分重要，箭身的制作要根据设计图来还原。如果有条件可以利用激光切割机来制作，这样会更加精确，图 5-35 乙所示为利用激光切割方法制作的吸管火箭尾翼。

 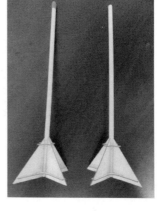

甲 乙

图5-35　手工制作与激光切割制作的吸管火箭尾翼

（2）制作发射支架

发射支架的制作也需要考虑支架结构的强度和稳定性，实现角度可调是制作中的难点，也是对学生挑战最大的部分。为学生提供充足的时间有助于学生用自己的方式完成制作。图5-36所示为学生制作的两款发射支架。

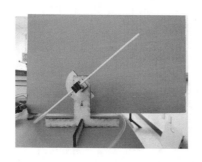 

图5-36　两款发射支架

（3）搭建气动发射控制系统

在发射支架上进一步连接气动系统和控制系统，形成最简易的气动发射系统。图5-37所示为完成的整体气动发射系统搭建。

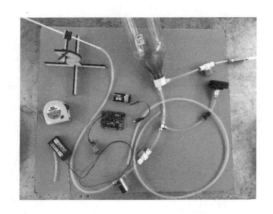

图 5-37 整体气动发射系统搭建

（4）测试与记录

根据搭建好的气动发射系统，安装火箭，测量飞行距离与气压的关系，准备构建数学模型。后续根据模型预测飞行落地点，从而选择合理参数来实施飞行任务。图 5-38 所示为学生测试模型的过程与过程中记录的数据。

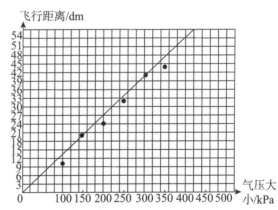

图 5-38 模型测试与数据记录

【设计意图】

在本项目中，实践环节与设计环节是交叉进行的，完成一个子系统的设计后立刻开展制作。当所有子系统都制作完成后，进行总体组装，并利用组装好的气动发射系统进行发射测试，采集数据，以供后续分析。

5. 分析数据

（1）数据记录分析

有效的数据记录要保证他人根据该条件进行实验可以复现实验结果，根据图5-39所示的数据记录，其他组的成员完全无法复现该组同学的实验结果。那么实验数据记录还应该包含哪些信息呢？比如发射角度、火箭型号、火箭重量、发射环境、发射系统各参数等，可以让学生充分思考，各组自行设计数据记录表格。

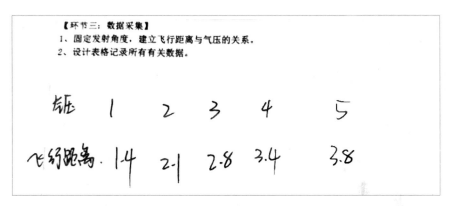

图 5-39　不完全的数据记录

（2）根据数据提出问题

大部分学生在测试得到数据后，会将数据绘制到坐标图中，而且基于物理课程的学习，都会自发地画一条趋势线，一般都是直线。但某组学生在测量过程中，改变参数，竟然测出了两种不同的数据趋势，如图5-40所示，测试的数据一个可以拟合为一次函数，另一个拟合为二次函数更合适。因此学生根据数据提出问题：气压与射程之间到底是什么样的关系？为什么会出现这样的现象？

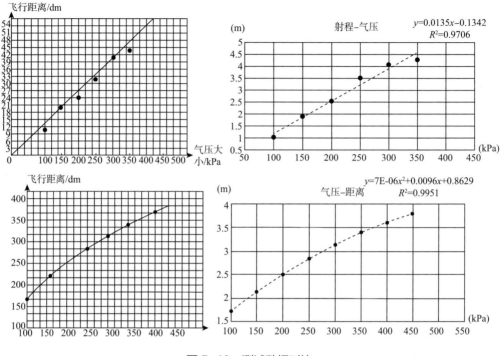

图 5-40　测试数据对比

【设计意图】

在实践环节，学生记录的数据往往会有缺失的信息，导致后续分析时无法进行对照，如缺少角度信息、缺少火箭型号记录、没有重复实验等。教师要引导学生提升记录数据的意识，学习数据的记录方法。

而根据数据提出问题和分析问题就是更高的要求了。在本环节发现问题后就需要借助理论模型来对问题进行分析和推断。

6. 迭代优化

本案例中，要有针对性地对系统的各个组成部分进行优化，我们将整个系统重新拆分成五个子系统：电子控制、气动引擎、发射支架、测量系统、火箭箭体。

教师发布任务，让各组学生列举各个子系统中误差产生的来源，并且分析可能的原因。如在测量系统中，学生发现不同组选择的测量原点不同，那么得出的数据也就不能直接对比。再如，细心的学生想到，火箭飞行时还会产生左右方向的偏移，证明尾翼对称性没有那么好，所以每次发射都需要固定尾翼朝向。学生还提出了很多对结构和控制部分的优化想法与建议，图 5-41 所示为学生对误差来源的分析。

这些细节问题的累积，很可能对最终工程目标的实现产生严重影响。根据这些优化想法，学生进一步改进设备，优化测量手段，提升数据分析和处理能力。

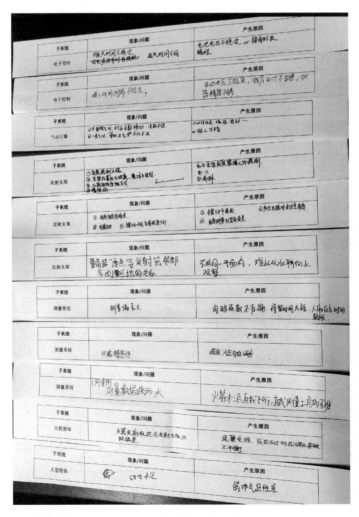

图 5-41　学生进行误差来源分析

【设计意图】

迭代优化过程是工程的核心环节之一。一个系统在设计和制作的过程中，不可能完美无缺，要不断进行优化和改进。迭代优化的过程一定是基于前期试验发现的问题进行的，本案例针对的是气动火箭飞行落地点的误差问题，对不同子系统进行分析，提出可能的原因及影响因素，从而提出优化改进建议。

7. 方案评估

利用如表 5-14 所示的工程任务竞赛方式完成方案评估。

表 5-14 方案评估

工程任务竞赛
方案： 1. 各组准备好自己的发射设备、特定型号火箭，以及已有相关发射数据模型。 2. 教师随机指定多个发射目标位置。 3. 学生测量发射目标距离，根据数据模型计算发射参数。 4. 完成火箭发射，观察是否命中目标。 5. 根据成功命中目标所需次数来进行终结性评价。 6. 根据过程中团队的配合操作和知识应用能力进行过程性评价。
进阶扩展
如果学生水平较高且课时充足，可以设置更高难度的挑战，如发射火箭飞向移动目标，模拟火箭飞出地球抵达行星的情况。
成果发布
通过影像记录制作火箭和发射火箭的过程，通过网络视频平台进行线上发布。

【设计意图】

这里采取竞赛的形式来检验学生工程实践的成果，要求火箭和发射系统都有具体的性能指标，选择的发射参数也要依据前期数据分析得到，不能随意设定。

工程挑战竞赛是一种很好的评价形式，能够激发学生的进取心。在规定的时间内完成挑战需要团队的密切配合，更需要团队前期的精心准备，体现团队从设计到实践，再到分析和优化的全过程努力。

8. 运营管理

本课程的火箭模型较难实现真实运营，但这并不妨碍我们从真实运营角度来进一步完善方案设计。这时需要考虑的就不仅仅是技术问题，还需要综合考虑用途、造价、安全稳定性、社会影响等诸多因素。

在运营管理阶段，学生必须非常清晰地掌握有关火箭的基础知识，而且必须查阅很多资料，分析现有火箭型号，甚至是公司商业模型，才能够提出合理的运营方案。最终可以让学生以本组形成的方案进行路演答辩，进一步深化学生的工程思维。

【设计意图】

当 STEM 课程无法真正在运营层面进行实践时，不妨让学生尝试提出一份运营方案。例如，在本课程中，让学生讨论：成立一家商业化火箭运营公司需要哪些步骤？不同小组的讨论思路也各不相同。未来他们之中也许就有真正的科技创业者，就把这份讨论当作他们人生中的第一次深度思考，探讨如何创办和运营一家公司。

（三）总结反思

火箭是一个非常吸引人的主题，每一个进入该课程的学生都表示非常期待火箭制作。他们幻想中制作的火箭大多是能够直冲天际的模型火箭，但很遗憾的是，由于学校环境的限制，大多数时候无法进行这样的实验。

我们希望提出一个解决方案，能够在教室里研究火箭问题，虽然是用最简单的吸管制作火箭，但是运用了相关的知识，展现了充满智慧的设计，在课程结束之后，学生对火箭问题有了更深入的认识。

（本案例作者：申大山　清华大学附属中学）

六、案例6：中医科技创新实践活动

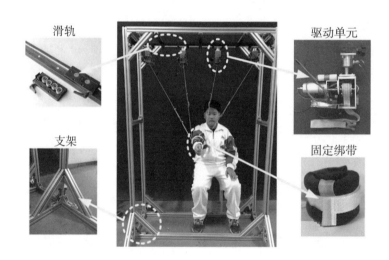

图 5-42　中医科技创新实践活动

（一）课程背景

中医药是中华文明的重要组成部分，在人民健康事业中发挥着独特作用。国家高度重视中华优秀传统医药文化的传承与发展。习近平总书记在多个场合对中医药给予了高度评价。中医药学是"祖先留给我们的宝贵财富"，是"中国古代科学的瑰宝"，是"打开中华文明宝库的钥匙"，"凝聚着深邃的哲学智慧和中华民族几千年的健康养生理念及其实践经验"。这些重要论述，凸显了中医药学在中华优秀传统文化中不可替代的重要地位。

传统文化是国家走向未来的根，而基础教育是个人成长发展的根。如何让基础教育与传统文化的根系互相涵养，催生更多有益的教育成果，是所有教育工作者需要思考的命题。优秀传统文化进校园，覆盖教育的各个学段，从小学到大学，是固本工程；融汇到教材体系中，是铸魂工程；贯穿人才培养全过程，是中国人打底色的工程。近年来，书法、国画等传统文化已广泛走进校园。中医药文化进校园为中医药学的发展找到了一个更年轻的基点，也为青年人树立更广泛、更深厚的文化自信提供了土壤。

2016年，在中国人民大学附属中学（以下简称"人大附中"）召开的教科研年会上，创新人才教育研究会会长、人大附中联合总校校长刘彭芝倡导"中医药基础知识及推拿等中医养生保健技术进学校、进课堂、进教材"。在这样的背景下，人大附中"中医药文化进校园"研修课程成功开设，获得了师生的高度欢迎和一致好评。人大附中通用技术教研组立足技术学科特点，将传统中医药文化与现代科学技术相结合，构建了基于STEM理念的"中医科技创新实践"系列课程。依据通用技术学科核心素养深挖课程内容，将必修课程"技术与设计"的相关知识、技能融入中医科技这个大的情境中，构建了以学生学习为中心、以核心素养为导向的基于真实问题解决的课程开发与实施模式。经过两年的实验与迭代，2019年该课程案例被国际技术与工程教育家协会（ITEEA）评选为全球优秀项目奖。

1. 课程内容简介

依据STEM课程理念，将传统中医药文化与现代科学技术相结合，从满足用户真实需求出发，以按摩器械、加湿器等中医保健类产品开发为目标，解决现代人们生活节奏快、容易产生疲劳，以及向往高品质生活等真实问题。学生在学习过程中，经历文献检索、市场调研、产品开发与设计等环节，完成基本知识学习（机械设计、控制理论、图样设计与表达、材料与工艺、模型设计与制作等技术学科知识），经历完整的技术与设计过程，并最终以团队的形式设计制作一个与中医药文化相关的技术产品。在技术创新的过程中，培养学生的工程思维及创新实践能力，同时让学生了解和感受中医药文化，并用实际行动弘扬中医药文化。

2. 学习者情况

本课程面向高一年级学生开设。为充分了解学生的学习基础和对本课程的看法，备课组对全年级学生开展了问卷调查。调查结果如下。

（1）对中医药文化的了解情况

关于学生对中医药文化的了解情况的调查结果如图5-43所示。调查发现，年级中64%的学生对中医药文化仅知道一些，有14%的学生表示完全不了解，只有2%的学生回答非常了解，可见高一年级学生对中医药文化的了解还非常少。这个信息提醒教师在课程开发过程中，要增加让学生了解中医药文化的途径，同时也说明本课程开发的重要性和必要性。

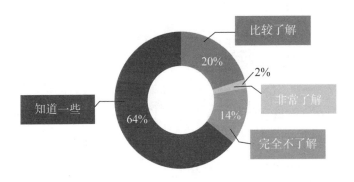

图5-43　学生对中医药文化的了解情况调查结果

（2）了解哪些有关中医药文化的内容

从调查结果来看，学生对中医药文化的了解主要集中在按摩针灸疗法、中医药材、中医类书籍和中医养生保健等几个方面。调查结果如图5-44所示。

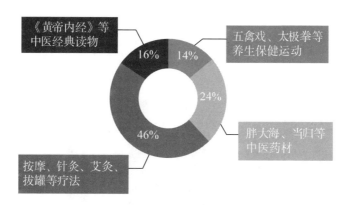

图 5-44　学生中医药文化了解内容调查结果

（3）主要的了解途径

学生主要通过媒体宣传，家人、亲属在中医药方面的工作或者接受过中医药治疗等了解到一些与中医药有关的知识，接受过系统学习的学生还比较少。调查结果如图 5-45 所示。

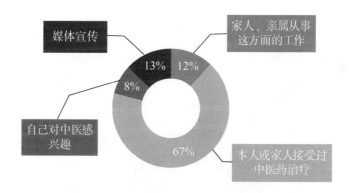

图 5-45　学生了解中医药文化的途径调查结果

（4）希望开展的中医药文化活动

图 5-46 所示为学生希望开展的中医药文化活动的调查结果，可以看出，学生对中医养生知识、中医古文献讲解、按摩手法等活动比较感兴趣，希望能够有更多的学习和了解。

单位：人

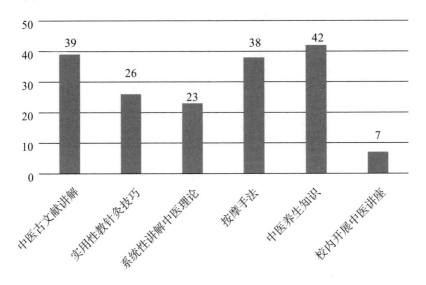

图 5-46　学生希望开展的中医药文化活动调查结果

（5）学生对中医药文化进校园最感兴趣的形式

图 5-47 所示为学生对中医药文化进校园最感兴趣的形式调查结果，可以看出，学生对课外实践活动及中医药科技制作类课程比较感兴趣。

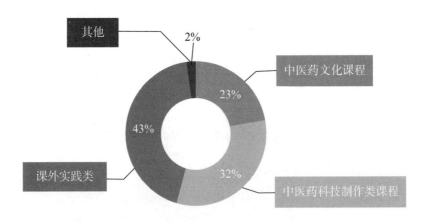

图 5-47　学生对中医药文化进校园最感兴趣的形式调查结果

3. 课程目标

（1）工程问题解决：发现生活中遇到的实际问题，制订项目研究计划，综合评估选择最优方案，并提出设计课题。

（2）工程技术应用：经历查阅资料、用户需求调研等，综合运用跨学科知识及相关技术，设计制作模型或原型。

（3）工程创造意识：综合分析产品经济效益、潜在风险，以及对社会、环境可能带来的问题，形成正确的价值取向；及时总结和反思，全面提升认知及合作、创新等职业能力。

（二）项目实施过程

1. 明确目标

（1）情境设计

本项目以中医药文化为大背景，创设基于真实需求的问题情境。例如，上班一族，下午犯困，工作效率低下；久坐电脑旁，皮肤干燥，眼睛干涩。能不能为他们设计制作一款提神醒脑、缓解疲劳、补水养颜的产品？做眼保健操可以缓解眼部疲劳，预防近视，但是很多同学做得不规范、不到位、不认真，能不能设计制作一款自动做眼保健操的装置？……这些问题都是学生本人或他们身边的人在实际生活中会遇到的问题。

【设计意图】

让学生了解中医药文化，同时感受中医能够解决生活中的很多实际问题，从而激发学生学习的积极性，提升学习动机，从"要我学"变成"我要学"。

（2）发布任务

落实STEM教育理念，引导学生通过用户需求分析、产品设计分析、方案构思、图纸绘制、制作、测试、编写说明书等学习环节，有机融合科学、技术、数学、工程、艺术、心理、中医药文化等学科知识和内容，在多元的、开放的学习环境中进行工程实践和创意表达。

学生以"设计满足特定需求的中医药技术产品"为主题，3人一组，结合生活经验，挖掘用户需求，自主发现问题，确定设计定位，从而形成自己的设计课题。

在本环节具体实施的过程中，教师可以学生身边的项目作为案例。如笔者在教学中就选用了本校学生的发明作品"便携式人体经络检测仪"作为例子向学生进行讲解。该作品把人体经络的知识与现代电子技术、通信技术相结合，能根据人体释放的电压信号发现人体某些部位的病变。这个发明作品获得了第41届日内瓦国际发明展银奖。初二年级学生发明的"点法按摩器"、高一年级学生发明的"偏瘫患者贴身按摩衣"也作为本课程的参考案例。

这些项目新颖、有趣，且出自同学之手，能有效消除学生对中医药文化学习的畏难情绪，激发他们创新的热情。

【设计意图】

目标先行，以终为始，能够清晰界定学习的范畴和方向。选择同学设计的产品作为案例，一方面能够帮助学生了解中医药文化相关知识，另一方面也能够帮助他们树立自信心。该环节有助于学生聚焦目标开展学习活动，提高课堂教学的品质。

2. 统筹要素

该学习环节要为学生的学习搭建充足的脚手架，考虑学生在工程设计过程中可能会遇到的各种问题及可能有用的解决办法。

在本课程开发与教学实践过程中，教师设计了以下教学活动。

文献检索：引导学生展开对中医药文化、中医科技相关文献的检索，在学习中医药文化的同时能够了解该领域的最新进展。在文献检索与阅读的过程中，产生初步的创意方案。

专利检索：通过国家知识产权局网站、中国专利信息网等专业网站，检索目前已经申请的中医科技方面的专利产品。在研读专利文献的同时，了解相关产品的技术要点。专利检索侧重引导学生从技术、工程的角度来认识设计，一方面拓宽学生视野，站在巨人的肩膀上，让自己的设计走得更远；另一方面树立专利意识，培养学生尊重智慧成果、保护智慧成果的素养。

产品调研：产品调研侧重引导学生收集和分析产品相关信息，包括功能、结构、造型、外观、用户群、心理需求等方面，进一步感受产品设计的跨学科特性，也有利于启发学生的设计思维。半命题式、半开放式的主题，既有利于保证学生的设计始终围绕主题展开，又为学生的创新设计提供了空间，同时，也更接近真实的产品设计过程，让学生的设计从真实需求出发，回归真实的问题解决。教学时，围绕用户、需求、产品、设计等关键词，以层层递进的问题为引导，抽丝剥茧，让学生的设计定位更准确；同时辅以用户需求为参考，让学生的设计定位更真实、更具体。

图 5-48 所示为学生结合初步创意开展的市场调研。

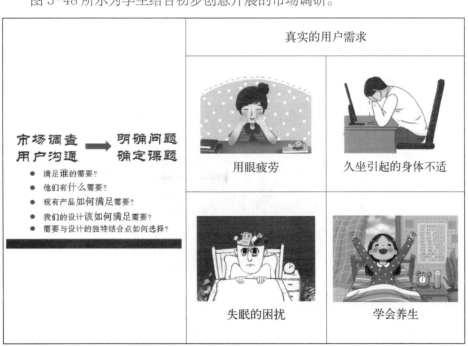

图 5-48　学生结合初步创意开展市场调研

工程训练：对于专业性比较强但又是学生必须要掌握的内容，如图样的表达、简单机械原理、控制系统的工作过程等，以教师启发式讲授为主。学生了解实现运动的多种机械方式、开环控制系统和闭环控制系统的工作过程，知道自己的设计拟采用的机械传动方式或控制方式。

机械原理和控制原理对学生来说难度比较大，且只有通过实践才能将抽象的理论转化为具体的实践。因此，在理论学习的同时，要辅以相应的实际体验。

例如，以简易电动筛为载体，学生进行制作体验，感受机械传动的具体实现，并在此基础上分析其复杂的控制实现。学生首先分析电动筛的机械结构，并识读图纸，使用提供的材料组装完成电动筛模型，如图 5-49 所示。这个过程学生需要运用机械、数学、物理、材料、工艺等学科知识。对于组装过程中的问题，教师要及时梳理总结，引导学生关注细节，感受学科知识在产品设计中的具体体现，如精确的尺寸、合理的摩擦是机械运动的重要保证。在体验和分析电动筛机械结构之后，设置问题引导学生思考：如何实现电动筛工作的自动控制、定量控制、精确控制？从而在分析和设计应用控制相关理论的具体案例中，加深学生对控制系统的工作过程的理解和感悟。

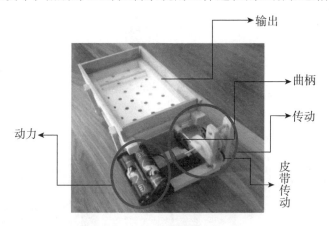

图 5-49　电动筛项目实物与图纸

图 5-49 电动筛项目实物与图纸（续）

教师也可以引导学生通过拆解一些现有的产品，了解其结构原理，从中获得一些启发，如图 5-50、图 5-51 所示。

图 5-50　拆解产品，了解结构原理

图 5-51　对网上选购的相关产品进行拆解、研究

此项目对高一年级学生来说具有一定的挑战性。教师在教学设计中要尊重学生的经验及学习基础，预判学生学习过程中可能会遇到的困难，并采取相应措施，搭建学习的脚手架，为学生开展进一步学习奠定基础。

3. 设计方案

制订设计方案的过程，是思维发散形成多个构思方案，然后收敛、聚焦的过程；同时，也是跨学科知识应用的重要环节。一个好的设计，一定是融数学、科学、技术、工程、文化、艺术等于一体的。教学中，采用先小组头脑风暴，后全班交流评价，再回归小组讨论修改完善的模式。

在小组头脑风暴时，引导学生利用思维导图构思设计作品的方方面面，运用跨学科知识形成多个可能的解决方案。在全班交流评价时，进行角色扮演，其他组学生扮演用户，对设计组的方案提出意见和建议。在广泛交流的基础上，各个小组运用SWOT分析法（包括优势、劣势、机会、威胁分析），比较权衡各个方案，并最终确定得出一个实际可行的设计方案。加工图的绘制，采用教师启发式讲授和学生练习相结合的方式。先通过简单的练习掌握加工图绘制的规范，然后绘制自主设计的产品的加工图。图5-52所示为学生绘制的小组方案设计草图。

【设计意图】

方案的构思与确定解决学生"做什么"的问题。这其实是比较困难的一个过程，需要学生结合自身兴趣、加工条件限制等多方面因素综合考虑；同时，这个过程也是培养学生工程思维的过程。要允许学生在学习过程中对确定的方案进行更改，但教师一定要充分考虑学生当前学习的实际情况。

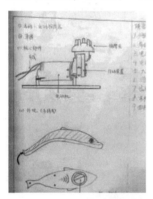
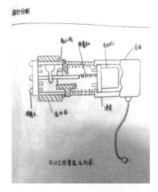

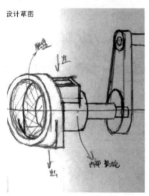
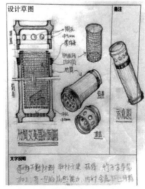

图5-52　学生绘制的方案设计草图

4. 试验模型

该环节是设计物化的重要环节，也是培养学生工程思维、物化能力的重要环节。教学时，采用教师启发式讲授、演示，学生独立操作的方式，让学生在实践中加以锻炼和提高。

要求学生列出材料清单，并根据加工要求合理选择材料的规格、型号，选择合适的加工工具和工艺。学生试验模型的过程如图 5-53 所示。

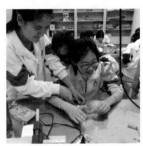

图 5-53　学生试验模型

【设计意图】

实践环节往往是学生最兴奋的环节，教师应做好充分的引导，提供足够的支持（物质、技术和方法层面），帮助学生在动手实践中实现深度思考。同时引导学生做好过程性记录，采集典型照片或视频，以供分析和优化环节使用。

5. 分析数据

通过对模型进行测试获得数据并展开分析，让学生思考项目中蕴含的科学原理有哪些，哪些要素会影响产品功能实现及质量效果，这些要素间存在什么样的关系，需要记录的数据有哪些，为什么需要记录这些数据，分析数据是否存在偏差或误差，以及影响误差的因素有哪些。

【设计意图】

数据的记录意识和记录方法都需要学生关注，避免在实践环节记录的数据有缺失的信息，导致后续分析时无法进行对照。而根据数据提出问题和分析问题就是更高的要求了，需要借助理论模型来进行分析和推断。

6. 迭代优化

学生在完成模型或原型的初步制作后，教师引导学生从用户的角度对所制作的模型进行讨论和优化，并逐渐迭代。如作品的功能是否能够满足最初预期的设想，外观、结构是否合理等。在本案例中，大部分学生因为欠缺控制部分的知识，所制作的模型缺少智能控制，如电机的转速控制、力量和角度的控制等。教师引导学生进一步探索机械控制的相关知识，如用 Arduino、传感器等工具实现对作品的改进。

教师也可以和学生一起就某些关键技术环节进行讨论，形成师生学习共同体，这样能进一步激发学生探索的热情。

【设计意图】

迭代优化环节是培养学生工程思维、创新精神、工匠精神的良好机会，学生在这个过程中容易出现焦躁情绪，产生"做完就好"的自我满足感。教师应注意在这个过程中引导学生结合最初的设计创意不断完善。

7. 方案评估

该环节主要包含学生进一步梳理产品设计思路，表达产品的结构、性能、使用方法、保养维护等内容。说明书的设计本身也体现了跨学科融合：既要体现技术产品语言描述的规范、准确，又要考虑用户的阅读需要，简洁、通俗；既有语言的字斟句酌，也有图文版面的美化设计。

此环节的教学要突出学生的主体地位。每个小组充分展示、介绍自己的设计，并请用户实际体验，实现真正的小组自评和组间互评；同时，也将生生评价和师生评价有机整合在一起。

在课堂展示、交流、评价的同时，将评价落到纸笔。学生反思整个学习的过程，形成自己的收获体会和自我评价。

评估过程采用过程性评价与终结性评价相结合的方式，不仅要关注学生最后作品的效果，更要关注学生在设计制作作品过程中所做出的努力以及解决问题的思维方式等。

在本案例中，教师为了引导学生亲身经历项目的整个过程，在学生学习开始就设计了一个项目学习手册，如图 5-54 所示。手册中要求学生详细记录项目进行的全过程。

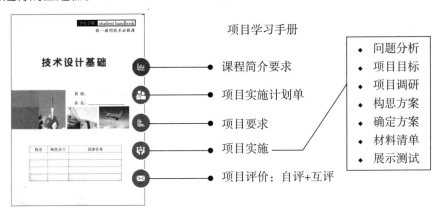

图 5-54　项目学习手册

本案例按照项目计划、管理和实施，初步制订了以下评价量规。

（1）项目计划与管理评价量规如表 5-15 所示。

表 5-15　项目计划与管理评价量规

评价指标	3分	2分	1分	0分	核心素养培养
项目计划	制订了详细的、可实现的计划，确定并获得了执行计划所必需的资源。	制订了可实现的目标，确定并获得了执行计划所需的一些资源。	制订的计划不够明确，没有确定必需的资源。	没有制订计划，也不清楚需要使用哪些资源。	工程思维

评价指标	3分	2分	1分	0分	核心素养培养
项目管理	坚持有效地管理时间和资源以达到目标。	通常能够有效地管理时间和资源以达到目标。	在教师帮助下能够管理时间和资源以达到目标。	总是需要督促才去管理时间和资源。	工程思维

（2）项目实施评价量规如表5-16所示。

表5-16　项目实施评价量规

评价指标	3分	2分	1分	0分	核心素养培养
调研能力	针对特定用户，调研了其具体需求，以及中医相关理论、现有产品、专利信息等。	调研了用户的具体需求、相关的中医理论和现有产品。	仅调研了某一方面的信息，如中医理论。	没有进行相关信息的调研。	技术意识
分析能力	总能从已有信息中发现值得解决的技术问题，并能分析问题的关键所在，将之确定为设计课题。	能从已有信息中发现问题，并能加以一定的分析，从而确定设计课题。	能从已有信息中发现问题，需要帮助才能进行分析，从而确定设计课题。	缺乏从信息中发现问题的意识，需要在帮助下确定设计课题。	工程思维 批判性思维
设计能力	能够综合多学科的知识，针对具体的技术问题形成多种解决方案，使用至少一种技术图样表达设计，并对设计方案进行比较、权衡和决策。	能够运用某些学科的知识，针对具体的技术问题形成至少一种解决方案，会使用技术图样表达构思，并对设计方案进行比较、权衡和决策。	能够运用某一学科的知识，针对具体的技术问题形成一种解决方案，使用技术图样表达设计。	在解决具体的技术问题时，不知道如何运用学科知识，不能形成有效的解决方案，技术表达不清。	创新设计 图样表达 跨学科知识 迁移运用

评价 指标	3分	2分	1分	0分	核心素 养培养
动手 能力	能够根据设计方案选用正确的材料和工具，按照规范的工艺要求制作模型或原型，或者对已有物品进行改进和优化。	能够根据设计方案选用材料和工具，基本按照工艺要求制作模型或原型，或者对已有物品进行少量的改进和优化。	能够根据设计方案，在帮助下选用材料和工具，在指导下按照工艺要求制作模型或原型，或者对已有物品进行少量的改进和优化。	不清楚使用哪些材料制作模型或原型，对工具和工艺知之甚少且操作不规范，制作的模型或原型不符合设计方案，不知如何着手对已有物品进行改进和优化。	图样表达 物化能力 批判性 思维 创新思维
团队 合作	总是积极参与讨论和制作，分享了很多有价值的观点，贡献了很多有用的信息，鼓励其他成员共享观点，为小组做贡献。接受并完成了所有需要完成的任务。帮助小组确定任务，带领小组实现目标。	参与讨论和制作，得到鼓励会分享观点，为小组做贡献。接受并完成了分配的任务。帮助确定和实现小组的设计目标。	有时需要鼓励才能参与讨论，时不时地分享观点，只能完成分配的任务。在确立目标和实现目标的过程中需要得到帮助。	不愿意分享观点，对小组讨论没有什么贡献。在其他人分享观点时常常打断他们。没有完成分配的任务。不关心或者阻挠小组要实现的目标。	合作沟通
展示 汇报	精心设计并制作了内容丰富、风格独特的展板或PPT，对设计进行阐述；汇报主题明确，内容翔实，包含了研究过程和研究结果分析；语言表达流利且富有感染力，与观众有效互动，并有效解决突发问题。	设计并制作内容较为丰富的展板或PPT，对设计进行阐述；汇报主题明确，内容比较翔实；语言表达流利，有观众意识。	使用简单的展板或PPT阐述设计；汇报主题比较明确，包含了一些基本内容；语言表达清楚，但还需更认真的组织和排练。有时，观众对发言不感兴趣或理解有困难。	没有展板或PPT，只是用口头表述设计；表述有时围绕主题，内容比较简单，没有很好地说明问题；语言表达不清楚，没有排练，观众难以理解其汇报。	沟通表达 创新设计

评价指标	3分	2分	1分	0分	核心素养培养
总结反思	过程记录完整，在每个实践环节结束后都主动进行反思，并撰写了详细的总结报告或收获体会。	进行了过程记录，在每个实践环节结束后都愿意进行反思，并撰写了总结报告或收获体会。	偶尔进行过程记录，在实践环节结束后需要督促才会进行反思，撰写了简单的总结报告或收获体会。	没有过程记录，也没有进行反思，需要督促才撰写简单的总结报告或收获体会。	元认知写作能力

【设计意图】

学生通过各种方式展示、交流、评价自己的劳动成果。其中包括撰写产品使用说明书、制作展示 PPT、相互交流评价等。这个过程是学生作品不断完善不断优化的过程，也是自身元认知能力提升的过程。

8. 运营管理

这个环节主要是在课下进行。教师引导学生将所设计制作的作品和实际相结合，将课堂延伸到课外，解决生活中的真实问题。如有的学生设计的"模块化康复机器人"，能较好地帮助中风患者开展康复训练。该项目设计了一款用绳索驱动的上肢康复机器人，机器人由支架、绳索驱动单元和固定绑带等部件组成，将固定绑带绑在人的小臂和大臂，通过控制绳索伸缩的长短来驱动上肢实现康复运动。

也有学生根据课上学到的中医相关知识，制作了一个"家庭中医小助手"APP，如图 5-55 所示，在同学之间广泛应用。

图 5-55　"家庭中医小帮手"APP 截图

【设计意图】

运营管理是当前工程教育的一个薄弱环节，也是一个难点。学校应给学生充分的展示和运营空间，激发学生在这方面的才华，这也是培养学生工程思维的重要途径。

（三）总结反思

中医药文化进校园之科技创新实践自 2016 年 9 月在人大附中高一年级实施以来，已经完整地进行了两轮，取得了阶段性成果，也仍有一些问题尚待解决。

1. 学生完整地经历了基于 STEM 理念的技术课程学习，感受到解决技术问题、设计技术产品的过程，本身就是综合运用数学、科学、技术、工程、人文等学科知识和能力的过程。特别是对中医药文化的认识，很多学生实现了从了解甚少、毫无兴趣，到将中医药文化真正融入作品的设计制作中，成功开发出相应的技术产品，潜移默化地增进了学生对中医药文化的认识。学生体验到传统文化的学习不止有理论学习一种方式，还可以用更贴近生活、更富有创造性的方式让文化的学习活起来、动起来。这样的学习在学生的心里播下了中医药文化的种子，对于弘扬传统文化起到了积极的作用。

2. 中医药文化博大精深，包罗万象。学生选择哪些内容开展研究、研究到什么程度、研究的结果采用什么方式呈现等问题，对非中医药专业背景的教师来说都是极大的挑战。为此，我们邀请了中医药领域的专家"坐堂"，对课程内容、载体、形式等进行探讨，最终聚焦中医按摩产品和中药加工装置研究两大主题，使课程的推进有了明确的方向。

3. 学生的创意很多，想法很好，但由于学校硬件条件限制，很多设计只能以功能模型或结构模型的形式呈现，显得有些简单、粗糙，距离"产品"还有一段距离。如何真正实现产品设计，让学生好的设计能够真正用起来，是我们下一步需要思考和解决的问题。

4. STEM 课程学习的评价问题。在课程实施过程中，我们突出了过程性评价和终结性评价相结合、自评与互评相结合、设计多项评价内容、采取多个评价方法等评价方式。但还需要进一步制订更具体、可操作的评价量规，实现对学生能力、思维、态度等方面展开更具体、更客观的评价。

5. 中学生很少接触实际的工程项目。在教学过程中教师要关注学生工程思维形成和发展的过程，不必苛求最终的作品。另外，该课程的开发本身也是一个系统工程，教师需要有很好的工程思维，从系统的角度综合考虑教学的各方面因素，才能收到理想的效果。

（本案例作者：李作林　中国人民大学附属中学）

七、案例 7："天眼"模型制作实践

图 5-56 "天眼"模型

（一）课程背景

中国"天眼"——500 米口径球面射电望远镜（Five-hundred-meter Aperture Spherical radio Telescope，FAST），位于我国贵州省平塘县，由中国科学院国家天文台主导建设，是具有我国自主知识产权，世界最大单口径、最灵敏的射电望远镜。（齐健 等，2021）

借助这只"天眼"，天文学家可以探索宇宙间各种物质流动传递的信息，测量各种未知物质的质量构成，探索黑洞的神秘，甚至可以搜索太阳系、银河系之外的生命。中国"天眼"不独属于中国，已经向世界全面开放。中国"天眼"的价值，彰显了中国履行人类命运共同体责任和与国际科学界充分合作的坚定理念。在开放合作中，中国的科学重器将更好地发挥效能和价值，促进重大科学成果产出，为全人类探索和认识宇宙做出贡献。

本项目课程任务是通过制作一个直径1米、能模拟信号接收的"天眼"模型，作为科技节展品，向同学们介绍中国"天眼"的价值、科普射电望远镜的基本原理。

1. 课程内容简介

本实践课程的活动目标是完成学校科技节展项：制作一个中国"天眼"模型，要求直径1米，可进行模拟信号接收，能通过模型展示"天眼"的结构和信号接收原理。课程涉及中学跨学科的数学、物理知识，学生需要经历"天眼"模型的结构分析、模仿设计、材料选择、模拟信号源的比选、制作组装、工程造价预算及核算等学习环节。通过真实的项目目标，经历工程实现过程，并在科技节组织系列活动，展示自己制作的模型以及模型制作过程，利用模型对同学进行科普宣传活动。

2. 学习者情况

（1）基本情况：本课程面向高一年级校本选修课成员开设，人数20人以内。

（2）工程素养：高一学生经过通用技术课程的学习，具有一定的技术意识。工程思维训练小组的学生们通过"工程思维训练"选修课程学习后，对工程活动有兴趣，也喜欢动手实践。其中部分学生动手能力强，但大部分学生没有经历完整的工程项目实践，对完成模型制作信心不足。

3. 课程目标

（1）工程问题解决：能对"天眼"模型制作提出多元解决方案，包括模拟信号源的选择、反射面材料选择以及制作工艺选择。

（2）工程技术应用：聚焦科技节项目展示场景，确定项目实施的目标，通过个体实践和小组协作，体验和实践工程项目的制作过程，培养工程素养。

（3）工程创造意识：正确认识中国"天眼"的价值，体会运用工程技术创造性制作"天眼"模型的过程。

（二）项目实施过程

0. 项目准备：团队组建

（1）组内人员分工

使用如表 5-17 所示的表格完成小组人员分工。

表 5-17　人员分工

职位	人员	工作内容
工作组长		协调组织团队，确保按时完成任务。
研究员		制订和调整实验方案，设计记录表格，总结结论。
工程师		搭建实验设备，解决技术问题。
制造员		根据研究方案进行实验测试，记录实验数据。
宣传员		负责演讲展示。

（2）各组任务分工

按照"天眼"模型的结构对各组进行任务分工，使用表 5-18 完成各组任务分工。

表 5-18　"天眼"模型制作分工

组名	任务及要求		组长
馈源舱组	负责馈源舱的模拟信号设计	考虑馈源舱与支架的连接	
反射面组	按尺寸完成反射面的制作	考虑反射面与支架的连接	
支架组	支撑模型整体	考虑支架与反射面、馈源舱的连接	

【设计意图】

整个"天眼"模型制作项目分成 3 个小组，分别完成各部分内容制作。各组要明确任务分工、工作职责及与其他组的关系。在后续制作过程中，引导学生体会分组协作的重要作用，各小组不但要组内分工，还要统筹兼顾整个项目的工程进度，以及与其他小组的协调配合。

学校开展的工程项目通常有不同的分组类型，有的是各小组完成相同的任务，有的是基于总体项目需要，各小组分别承担不同的任务。后一种分组类型更接近实际工程项目，会强化学生的代入感。各小组除了关注本组的任务内容和进度外，也要时刻关注其他组的任务内容和进度，并保持经常性的沟通与协调。

1. 明确目标

（1）情境引入

教师播放视频《姜鹏：中国天眼，探索光年之外》，通过"天眼"总工程师姜鹏的讲述，介绍"'天眼'之父"南仁东的事迹，以及"天眼"建造由不可能变成现实的艰辛过程。学生对"天眼"模型项目充满了期待，培养了民族自豪感。

图 5-57　视频截图

【设计意图】

"天眼"是我国伟大的工程，通过情境引入培养学生对科学技术的热爱，对探索星空的向往，激发学生的爱国主义情怀，向科学家学习，向工程师学习，做好克服各种困难的准备。

（2）发布工程任务，将情境具体化

制作一个直径为 1 米的"天眼"模型，能呈现"天眼"的外形、基本原理，能展示信号反馈功能。利用此模型在科技节向同学们介绍中国"天眼"，使大家了解射电望远镜的基本原理。

（3）查阅文献

通过查阅和学习文献，深入了解中国"天眼"的原理及结构组成。

（4）组织学生讨论，明确工程目标

如图 5-58 所示，学生经过组内分工，收集"天眼"资料，头脑风暴后，讨论出"天眼"模型的设计方案，画出"天眼"模型草图，明确项目目标。

小组分工讨论

收集资料

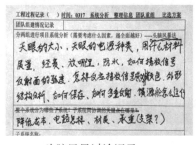

头脑风暴讨论记录

画出"天眼"模型草图

图 5-58　通过一系列活动明确项目目标

【设计意图】

教师引入任务，给学生预留充分的时间，提供条件让学生自己收集资料，促进组员间充分讨论，明确项目目标。在这个环节，开始时学生不知所措，但通过自己查找资料，逐步产生了想法。教师要保障这个环节讨论的时间，可以作为观察者和参与者加入讨论，一定要让学生自己经历从模糊到清晰、从没有想法到有想法的过程，如此才可以更好地帮助学生建立自主学习任务的意识。

2.统筹要素

（1）讨论工程任务的限制性条件

学生根据项目实际情况，系统分析资源和约束条件。制作直径1米的"天眼"模型，会涉及很多约束条件，包括财务制约、反射面的技术难点和材料制约、馈源舱信号的制约，还有模型的仿真程度等制约，不同项目小组间也会有互相牵制和制约，需要大家积极交流，达成一致。

（2）相关理论或知识学习

为了让学生了解射电望远镜和光学望远镜信号源的不同，请物理教师为学生讲解电磁波知识，帮助学生对模拟信号进行选择。在这个环节，教师团队尝试将学科知识的学习渗透其中，让学生能够在工程思维训练的基础上，感受到学科知识的应用价值。图5-59所示是统筹要素环节的实践情况。

物理教师为学生讲解电磁波知识

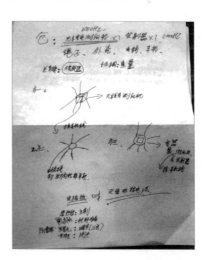

学生讨论"天眼"模型模拟信号方案

图5-59　学生学习和讨论

（3）汇总项目资源

综合分析项目实施所需资源：信息来源有哪些？遇到技术或专业问题如何解决？除了可以网上购买材料，还有哪些渠道？需要哪些工具？模拟信号源如何实现？以及模拟信号选择、反射面制作和支架制作资源分析等相关问题。

【设计意图】

综合分析项目需求和约束条件，培养学生系统分析和比较权衡等思维能力，对项目约束条件和可调配资源进行统筹分析。

3. 设计方案

通过统筹要素，最后确定方案。利用学校无线电测向装置作为模拟脉冲星信号，另外购买一个接收信号的电路板，即可实现模拟信号的接收效果。反射面组、馈源舱组和支架组进一步分析各自工作任务、工作进度，以及各组之间的关系。

根据工程实施流程，确定设计路线后，对设计方案进行分析，对最终目标进行拆解，以便逐步推进。对总目标的合理拆解是工程中很重要的一环。

【设计意图】

工程设计方案是在前期大量调查研究的基础上，统筹要素后的最终选择，工程的顺利进行取决于设计方案阶段对总目标的正确拆解。

4. 试验模型

学生先做了一个直径 10 厘米的"天眼"模型进行测试，如图 5-60 所示。虽然只是一个用简单纸盒与木棍制作的微缩版模型，但为模型后续制作提供了重要参考。

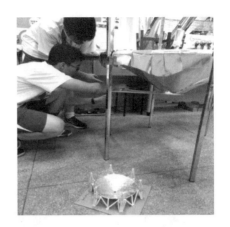

图 5-60　试验模型

【设计意图】

学生起初对"天眼"模型没有什么概念，通过制作简易的模型，学生将想法物化为产品，思路和想法逐步变得清晰。简易模型的制作对辅助学生思考和促进学生讨论发挥了重要作用。

5.分析数据

查询资料发现，中国"天眼"口径500米，深度150米，学生经过计算和讨论，计划制作的"天眼"模型口径是1米，深度是0.3米。为算出反射面所需材料的面积，学生请教了数学老师有关曲面的计算等问题，买回了两张边长1米厚度3毫米的铝皮。

对铝材裁剪方式的规划也是制作过程中的难点，学生花了很多时间进行讨论和计算，思考怎样把两块边长1米的铝皮裁剪成可以做成各个部件的曲面，怎么可以更节省材料，怎样的形状才能连接成一个近似的球冠面。图 5-61 所示为学生对购买的材料进行裁剪。

图 5-61　材料裁剪

【设计意图】

项目制作过程涉及数学知识，学生通过数据分析，将几何学等知识学以致用，不仅追求模型外形相似，更关注材料裁剪和用料的计算，尽量做到精细。在此阶段培养学生节约材料和控制成本的意识。

6.迭代优化

项目制作是一个学生不断经历发现问题、讨论问题、解决问题的过程。在整个过程中，方案不断被迭代和优化。

反射面制作起初有几个不同的连接方案，包括打孔连接、粘接等，最后大家经过综合权衡，使用了铆钉连接和粘接两种方式。

支架制作在反射面制作基本完成后，有两个备选方案，一是可以活动的架子，二是不锈钢架。考虑到受力、连接稳定性和安全等问题，决定改用保守的不锈钢架的方案，经预算审核后，大家同意找代工焊接。

馈源舱安装调试及受力分析，是真实"天眼"中很有讨论价值的部分，其可调节的创意和安装精度之高，是"天眼"的精髓所在。在学生进行馈源舱的安装制作过程中，授课教师专门播放了真实"天眼"馈源舱的视频，请高中物理老师讲解"天眼"支撑塔和馈源舱的受力情况。模型制作后期需要装馈源舱，在讲解"天眼"原理时也需要这部分的知识，因此在这个阶段引入高中力学中的受力分析，使学生对高中物理的柔索受力和刚体受力部分的知识有了进一步的深化。但由于难度太大，学生自己做的模型很难体现真实"天眼"馈源舱动态调节的特点。学生思考了用滑轮、调节绳索长度等方式进行简单的改变，最后优化成简单的夹子可调节的方式。

为了让"天眼"模型的外形与真实"天眼"更接近，经过讨论，学生决定用线槽来模拟"天眼"那6个塔的外形，并喷上银漆，这样模型的外形就与实物更加接近了。

学生迭代优化与测试调试的过程如图5-62、图5-63所示。

支架制作后遇到入门小困扰

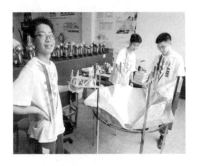

支架与反射面的连接

利用角磨枪修改支架尺寸

利用热熔胶枪加固连接

图5-62 迭代优化

图 5-63　测试调试

【设计意图】

整个制作过程是一个开放的过程，学生经常会遇到一筹莫展的情况。此时学生通过讨论协商，或求助于教师和同学，以解决问题。在教学过程中，教师既是参与者，更是激励者和促进者，教师要经常鼓励、督促和引导学生正视问题，克服困难。这是一个教学相长的过程。

工程设计与实施是一个从不可能到可能的过程，可以培养学生不怕困难、乐观向上的优秀品质。工程优化过程是一个不断遇到问题、不断解决问题的过程，教师要经常观察学生，做好项目管理和统筹工作。

7. 方案评估

"天眼"模型制作完成后，学生可以邀请教师和同学先进行小范围测试。学生们认为自己制作的"天眼"模型在外形上能体现出真实"天眼"的特征，利用了无线电测向作为模拟信号源，在模拟信号接收上有所创新。学生们继而在科技节展示"天眼"模型，展示过程向参观的同学发放问卷，如表5-19所示，了解反馈意见，以便对该成果进行评估。

表 5-19　"天眼"模型参观意见反馈与问卷调查

问题	作答 （填写说明：1—3 题请在选项 1—5 上打√，第 4 题请写上你的宝贵意见）
1. 此次参观，是否对你了解中国"天眼"有帮助？	5—很有帮助；4—比较有帮助；3—有一点帮助；2—基本没有帮助；1—没有帮助
2. 你对中国"天眼"有进一步了解的兴趣吗？	5—非常有兴趣；4—比较有兴趣；3—有兴趣；2—只有一点兴趣；1—还是没有兴趣
3. 你认为我们制作的"天眼"模型与真正的"天眼"的相似度有多少？	5—相似度很高；4—比较相似；3——有点相似；2—只有一点相似；1—基本不相似
4. 请对模型提出你的宝贵建议。	

【设计意图】

学生要做好工程日志，对整个项目进行梳理和总结，形成报告。负责展示的学生需要对项目有全面的了解，有较好的统筹和表达能力，收集教师和同学对项目的改进意见和建议。

8. 运营管理

"天眼"模型作为科技节的一个展项，运营管理首先体现在科技节的展示活动方面，检验学生能否通过该模型，实现向同学进行科普宣传的目标。

布展现场

讲解"天眼"结构

图 5-64　科技节展示现场

听，寻找脉冲星的声音   同学们很自豪

图 5-64 科技节展示现场（续）

【设计意图】

运营管理往往是现阶段 STEM 课程比较缺乏的部分，因此在校园里选择可以实现的真实场景尤为关键。本项目选择了学校的科技节展项，学生能通过这个真实的场景真正体验解决问题的过程。

（三）总结反思

1. 总体评价

该项目在 2021 年 10 月至 2022 年 3 月举办的第 37 届青少年科技创新大赛中，先后获区、市和省一等奖。以此项目为基础的学科探究型项目式学习案例，由物理、通用技术、综合实践、数学学科教师共同参与，该案例获2021 年广东省中小学项目式学习案例评比二等奖。

本项目通过项目式实践教学，培养学生的工程思维和问题解决能力，引导学生将所学科学知识融入工程项目中，培养学以致用的精神，促进科学探究能力的发展。本项目的开展有助于培养具备创新、跨界和开放能力的科技创新人才。

2. 学生表现

在项目制作过程中，为解决项目中遇到的问题，学生需要主动学习相应的学科知识。例如，学生利用电磁波、反射定律等知识尝试制作"天眼"反射面模型，利用数学模型计算反射面面积和球冠面积。当反射面模型制作出来之后，学生为进一步了解反射面的厚度、质量等数据，学习应用游标卡尺和螺旋测微器，掌握测量微小长度的方法。通过项目实施，培养了学生模型思维、分析推理等科学思维方式。

3. 教师反思与展望

该项目的设计和实施对教师来说也具有一定的挑战性，教师在工程思维理论指导下，利用工程思维要素模型，使课程组织工作做到有条不紊，体现了工程思维对组织实践活动的良好效果。

以工程思维培养为基础的校本课程建设还在初期探索过程中，需要改进和优化的地方很多，如教师要进一步引导学生加强团队合作意识，提升团队合作能力，明确团队分工，培养责任担当精神；教师还要增加对工程方法的指导，包括养成记录工程日志的习惯、使用进度甘特图、提升产品设计能力等；制作模型时，教师要考虑对制作任务进行拆分和细化，激发学生创意。若教师的技术和能力有限，可考虑引入外部力量作为课程支持。

（本案例作者：谭健颖　广东实验中学越秀学校）

本章回顾与反思

1. 基于核心素养的工程思维培养流程包含哪些？各个流程模块的组织和实施分别要考虑哪些因素？

2. 通过对本章工程思维培养案例的学习，简述如何结合本校实际，设计工程思维培养课程，开展工程思维培养教学。

第六章 学校工程思维培养探索与实践

清华大学 iCenter 工程思维培养探索

中国人民大学附属中学工程思维培养探索

中国人民大学附属中学实验小学工程思维培养探索

清华大学附属中学工程思维培养探索

广东实验中学越秀学校工程思维培养探索

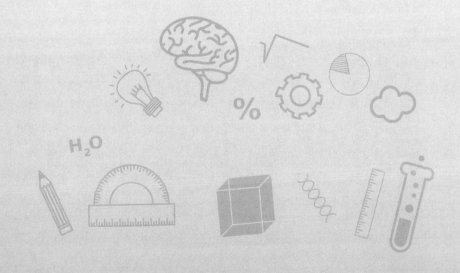

学校作为教学组织、管理与实施单位，如何系统地进行工程思维教学条件建设，组织和开展工程思维教学，是做好工程思维教育教学需要考虑的问题。

本章介绍了清华大学基础工业训练中心、中国人民大学附属中学、中国人民大学附属中学实验小学、清华大学附属中学、广东实验中学越秀学校等学校，在系统化组织和开展工程思维教学（教学理念、教学平台、课程体系、教学实施等）方面的探索与实践，可以为其他学校系统化组织和开展工程思维教育教学提供借鉴和参考。

本章学习目标：

1.了解国内相关学校在系统组织和开展工程思维培养方面的探索。

2.掌握学校层面如何体系化组织和开展工程思维培养工作。

3.能够尝试在学校层面规划、设计、组织和开展工程思维培养教学。

一、清华大学 iCenter 工程思维培养探索

（一）简介

清华大学基础工业训练中心（以下简称 iCenter）是服务于"双创"教育的跨学科创客实践平台，也是清华大学国家级"双创"示范基地。作为校内最大的工程实践和创新教育基地，iCenter 是基于工业（industry）、学科交叉（interdisciplinary）、创新（innovation）、国际化（international）等"i"内涵，聚合学校相关创新教育资源，建设学科融合、协同创新的工程创客教育空间。

iCenter 落实以学生学习与发展成效为核心的教育质量观，切实推动学生价值观塑造和升华，培育科学批判精神和创新精神，强化实践能力和创新创业能力培养；优化创新创业的制度和服务环境，创新教育模式和教学内容，营造"双创"人才培养生态环境，打造高校服务"双创"教育的跨学科创客实践平台。

（二）教学理念

iCenter 秉承价值塑造、能力培养、知识传授"三位一体"的教育理念，践行创意、创新、创业"三创融合"的教育模式，落实"塑造创造性劳动价值观、培养工程思维和创新能力、传授制造工程知识和技能"的教学目标，以团队培养和组织支持贯穿创新人才培养全过程。

在课程和教学中，融入思政教育、时政解读，培养学生树立为建设制造强国而努力的远大志向；加强动手实践，以劳动教育促进学风教风建设，塑造正确的劳动价值观；引入科学思维、设计思维、技术思维等内容，系统培养学生工程思维，全面提升学生工程实践能力。

（三）教学平台

构建产教融合、协作开放的产业级工程训练教学体系。按照"系统认知、项目导引、问题导向、赛课结合、创新实践"的思维发展和能力进阶策略，对课程、竞赛、实践、国际交流等环节进行设计重组，实施"本、研协同"的课程体系，研究建立针对学生、教师、团队、组织等不同对象的评价模式与评价体系。以激发学生创造力、培养学生创新创业能力为宗旨，立体化、全方位建设创新创业教育平台，综合开展创新创业人才培养。

1.完善基础设施，建设技术先进、功能完善的创新教育平台

建设基础工业云服务平台，实现课程、网络、软件、硬件等资源的共享。建设虚拟仿真平台，开展虚拟仿真及现场实训相结合的教学。完成所有实践课程的线上教学模块开发，并同步在"学堂在线"（精品在线课程学习平台）上线"机械制造实习"慕课课程。

综合训练教学，基于 CDIO 工程教育模式，通过防爆排雷机器人、3D 打印机、智能硬件、智能家居等项目式课程，开展跨学科探究式学习，让学生以更宽广的视野学习工程，与社会发展、市场规律、管理模式、历史文化、价值观念、心理学、艺术审美等方面建立关联，促进学生工程思维和创新思维的形成与发展。

2.建设开放、协作、共享的创新人才协同培养机制

引入优质产业资源，与华为、腾讯、戴尔、北京精雕、麦肯锡、微软、西

门子等知名企业联合开展实验室和课程建设。将产业真实问题和先进前沿技术快速研发转化为教学单元和教学模块，让学生认识智能技术与制造业的结合方式，以及制造业蝶变带来的机遇与挑战；了解制造过程和制造范式变革，构建智能制造的基础认知，把握未来发展趋势。面向工程实践与创新能力大赛赛事需求，聚焦不同赛道和赛事的工程训练目标，研究建立赛课结合的新型教学方式，形成兴趣激发、知识掌握、实战应用和能力提升的进阶式学生创新能力培养策略。

结合《中国制造 2025》，以基于"智能制造＋互联网"的产业级创客空间为核心，建设校内跨学科创客导师＋国际化跨界驻校创客导师的师资队伍，打造从创意实现、创新实践到项目孵化的一站式服务模式。从学生开展"双创"活动的需求入手，部署面向不同功能的平台模块，建成创客活动平台、创客制作平台、创客交流平台、成果展示平台等多层次功能空间，如图 6-1 所示。清华大学 iCenter 完善的硬件设施，工业级的加工设备及相关技术，如图 6-2所示，让学生创客们可以了解到各种制造设备和工艺，为助力"创意—创新—创业"服务奠定坚实基础。

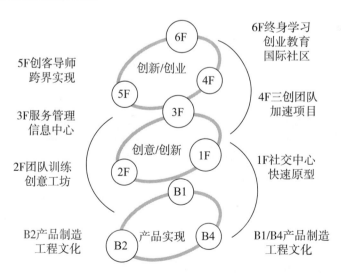

（注：图中数字与字母的组合表示训练中心各楼层，如 B2 代表地下二层，3F 代表地上三层。）

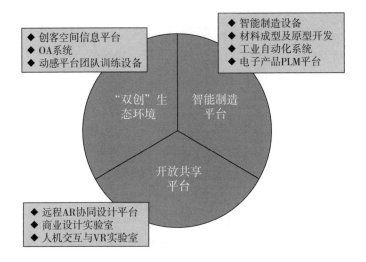

图 6-1　清华大学 iCenter 的人工智能 + 制造 + 互联网 + 创客空间

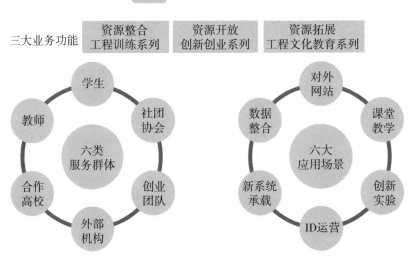

图 6-2　清华 iCenter 云制造平台

3. 营造创客文化，多维度探索平台运行机制

聚合校内外、国内外创新创业实践和教育资源，建设"双创"教育生态系

统，面向其他普通高等院校、职业院校、中小学及社会创客群体开放，通过网站、微信公众号等渠道传播创客文化，发挥辐射和带动作用。

完善包含场地孵化、技术培训、产品开发、加工制造和管理咨询的创新全流程条件支持；建设包含课程、项目和活动等教学要素的创新教育实践平台；采用从创意实现、创新实践到创业项目孵化的一站式服务模式，通过开放、共享的机制，激发学生内在创新动力。

开展系列活动，举办"创计划"创客挑战赛，从优秀高中生中选拔"双创"人才种子；支持中美青年创客大赛等数十项学生科技及创新创业大赛；发起成立创客教育基地联盟，举办"清华大学创客日"、国际创客与教育高端论坛等活动。接待国内外高校及社会各界参观访问，推广成功经验，吸引更多的院校和机构参与到"双创"教育中来，在国内外形成了广泛的影响力。

制定多项制度、条例，包括清华大学技术创新创业辅修专业管理制度、清华大学学生社团入驻手册、驻校创业导师制度、实验设备开放条例、中学生创新学习活动运行条例等，吸引包括创业团队、学生社团、孵化组织、知名企业在内的数十个群体入驻。

（四）课程建设

中心的工程实践教学紧密围绕国家重大战略与人才需求，响应产业变革及其对人才的新需求，快速更新教育理念。清华大学 iCenter 课程体系如图 6-3 所示。

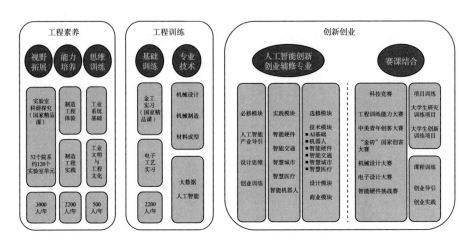

图 6-3　清华大学 iCenter 的课程体系

1. 课程思政，将立德树人贯穿教学全过程

将塑造创造性劳动价值观贯穿工程训练系列课程全过程，激发学生建设制造强国的热情，课程思政取得新突破。中华非遗文化进校园，全国劳模进课堂，弘扬劳模精神和工匠精神。强化动手实践环节，以劳动教育促学风教风建设，全方位引导学生树立正确的劳动观，端正劳动态度，养成劳动习惯，增强劳动情感。

2. 传承创新，重构工程训练课程内容体系

紧密结合制造技术变革以及智能制造新业态，开发先进增材制造、液态金属打印、精密铸造、机器人焊接、精密测量、增强现实等实践单元，以及围绕智能制造、人工智能、工业互联网主题的系统实践单元，将教学内容从传统的以制造工艺为主，扩充为涵盖广义制造过程、反映先进制造模式、制造与信息技术紧密结合的内容体系。

3. 项目导引，培养学生工程思维和实践能力

开发系统思维、技术创新思维、设计思维等工程思维培养与系统认知模块，从技术领先性、系统完备性、模式灵活性、知识融入性、思维启发性、实践落

地性等多个维度拓展实践教学环节，以产品全生命周期为教学内容载体，打破各实践环节相互孤立的局面，推行项目导引、团队合作的教学模式，强化学生的团队意识和创新实践能力。

4. 问题导向，培养学生的工匠精神和创新能力

设置以问题为导向、产品和项目为牵引的课题，开发挑战性、创新性的实践教学环节。开发了无线充电器、智能驾驶小车等多个特色综合实践教学单元，提升学生跨界工程创新能力，激发学生主动探究的精神。打造赛课结合的教学模式，组建学生兴趣小组，教师团队提供从知识传授、项目探究到竞赛辅导的全过程指导，培养学生精益求精的作风，实现对学生工程素养、工匠精神和创新能力的全方位培养。

（五）总结与体会

创新驱动发展已成为全球许多国家谋求竞争优势的核心战略。技术的进步、社会的发展，推动了科技创新模式的嬗变，正在从工业时代以精英创新、封闭创新为特点的创新模式，向信息时代和知识社会以用户创新、开放创新、大众创新、协同创新为特征的创新模式转型。我们国家对创新人才的培养提出了更高的要求，强调人是科技创新的最关键因素，创新的事业呼唤创新人才。我国要在科技创新方面走在世界前列，就必须在创新实践中发现人才，在创新活动中培育人才，在创新事业中凝聚人才。

未来 iCenter 将以工程创客教育教学研究和改革为主题，开展多元探索。

1. 研究工程创客教育模式，建设工程创客教育体系

凝练新时代工程创客教育的内涵，研究工程创客教育评价体系和训练体系，开发工程创客实践项目。研究工程创客教育教学体系，包括教学内容、教学方法、教学评价等。实施和验证工程创客教育模式，重构面向产业前沿的工

程训练课程，开展基于项目导引的课程改革，以及跨院系、跨学科创客能力协同培养模式探索等。

2. 建设虚实结合、开放共享的工程创客教育平台

建设虚实结合的学习、研究与交流社区，形成"注重实践、推进创新、开放协同、诚信共赢"的师生协同众创机制。建设开放共享的教学资源，实现优质教学案例、教材、慕课、虚拟仿真实验项目以及软件、网络计算、实验设备、创新项目开发平台等资源共享。建设优质、共享的示范课程，并开展远程观摩、项目指导等互动协作，实现成员单位在教学方法、内容、模式、手段等方面的经验分享与成果共享。

3. 营造工程创客教育生态，开展示范推广

集聚高校、企业和社会组织的各类教学资源，为工程创客提供全链条服务支持，构建多方参与、资源共享、协同育人的工程创客教育生态。开展常态化教师交流和培训，针对教学水平相对薄弱高校的实际需求进行指导与帮扶，全面提升教师的教研能力和教学水平。

二、中国人民大学附属中学工程思维培养探索

（一）简介

中国人民大学附属中学（以下简称"人大附中"）的办学目标是"国内领

先，国际一流，创世界名校"；办学理念是"尊重个性，挖掘潜力，一切为了学生的发展，一切为了祖国的腾飞，一切为了人类的进步"；学生培养目标是"全面发展＋突出特长＋创新精神＋高尚品德"。人大附中全面推进素质教育，"创造适合每个学生发展的教育，创造适合每个教职员工发展的教育"。"爱与尊重"是学校的文化基因，学校创造各种机会激活学习共同体中的每一个细胞，让每一个人成为学习的主体。

人大附中开放、创新的办学环境，以人为本、多元开放的课程资源，为工程思维教育提供了宽阔、丰厚的土壤。学校现有14名技术学科专职教师（其中特级教师1人，北京市骨干教师3人，具有博士、硕士学位的12人），分别来自数学、自动化、飞行器设计、机器人、机械与电气、计算机美术、农业机械工程、产品设计等专业。学校建成无人机科学与工程实验室、虚拟现实技术实验室、3D打印技术实验室、机械与电气工程实验室、电子与信息技术实验室、数字化设计与制造实验室、服装设计教室、电子控制技术教室等15个专业实验室（教室），开展技术教育。高质量的师资队伍与多功能实验室为学校开展STEM教育提供了良好的软硬件环境。

（二）教学理念

在多年的教学实践和探索中，人大附中形成了"以人为本多元开放"的课程体系，并在教学中坚持以学生的素养为导向，强调多元，尊重差异，主张开放，重视平等，推崇创新，鼓励教师和学生在真实问题解决中提升核心素养。

（三）课程体系

学校课程建设注重"聚焦育人目标＋学生发展需求"双轮驱动。经过多年发展，学校形成了以立德树人为核心目标，以基础类、拓展类、荣誉类三级课程为支撑，以培养学生人文底蕴、科学精神、健康生活、学会学习、实践创新、责任担当为基础的六大领域课程的金字塔型课程结构（见表6-1）。

表6-1　人大附中一核心、三层级、六领域的课程结构

育人目标：全面发展 + 突出特长 + 创新精神 + 高尚品德																									
文化基础																	自主发展				社会参与				
人文底蕴										科学精神								健康生活	学会学习		实践创新	责任担当			
汉语与传统文化	外语与文化交流	历史与社会科学	哲学与经济科学	法律与区域地理	人文与社会科学	音乐欣赏与创作	美术欣赏与创作	艺术表演与创作	人文综合类课程	数学与逻辑科学	物理与工程科学	化学与材料科学	生物与环境科学	天文与地球科学	通用技术与设计	信息科学与技术	科技综合类课程	体育运动与健康	中医知识与保健	智力运动与开发	心理健康与发展	生涯规划与教育	职业考察与体验	课程选择与指导	升学指导与发展	项目研究性学习	科学实践与研究	研究旅行类课程	德育类主题课程	综合性社会实践	学生社团类课程

课程体系涵盖语言与文学、数学、人文与社会、科学、技术、艺术、体育与健康、综合实践活动等八个学习领域。学校在开齐开足国家规定的必修与选修课程外，还开设了200余门校本选修课程。学校创办了拔尖人才早期培养基地，为在语言、数理、计算机、科技、创造发明、体育、艺术等方面有突出特长的青少年开辟绿色成才通道。

在此基础上，人大附中构建了"一核两翼三层"的综合育人体系，如图6-4所示。"一核"就是立德树人，"两翼"就是育人的课程体系和活动体系，三层就是基础类、拓展类和荣誉类三级课程。紧紧围绕"一核"要求，全面贯彻德智体美劳五育并举，深化加强课程体系建设，广泛深入地推进活动体系的创设，为新课程新教材的实施奠定坚实基础。经过在人大附中三年的学习，每一名高中生都能获得人生青春时期个人志愿、道德修养、思想品格、学科学习等方面的发展，自信地走入人生的下一阶段。

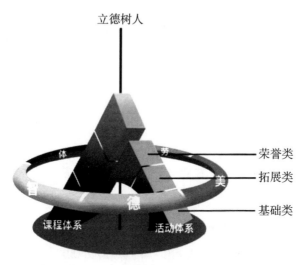

图6-4 "一核两翼三层"的综合育人体系

（四）教学研究

人大附中通用技术教研组聚焦学科核心素养，从2014年1月至2017年6月，承担了北京市专项课题"基于青少年工程思维培养的跨学科课程设计"研究（课题编号：BENIC2017080118），从理论与实践层面研究青少年工程思维的培养。

青少年工程思维是以系统分析和比较权衡为核心的一种筹划性思维。具备较高水平工程思维的青少年，能够认识系统与工程的多样性和复杂性，能运用系统分析的方法，针对某一具体技术领域的问题进行要素分析、整体规划，并运用模拟和简易建模等方法进行简易设计，能领悟结构、流程、系统、控制等基本思想和方法并加以运用，能够进行简单的风险评估和综合决策。从这个意义上说，工程思维教育应面向全体学生。

工程思维的培养应立足于真实情境、真实问题的解决，通过学生的自主、合作、探究，在系统分析和规划、权衡利弊中获得发展。项目式学习是培养工程思维的重要教学模式，特别是基于STEM的项目式学习，让学生在真实问题的分析和解决中，应用跨学科课程的知识和技能，实现知识的迁移应用，这对于发展学生的综合素质具有不可估量的重要价值。通过理论探索和实践研究，我们发现设计青少年工程思维培养的跨学科课程时，在教学目标上，应关注学生工程思维的培养，以及对跨学科知识的理解和综合运用，倡导学生关注未来社会与职业的需要，发展坚实的专业技能和创新品质；在教学方式上，可以分科教学与跨学科综合教学两种形式开展，主要以项目式学习的方式开展，注重动手实践和探究能力的培养；在评价方式上，要更关注学生在解决实际问题过程中的表现。迄今为止，人大附中科创教育研究成果包括 1 本专著、5 篇核心期刊论文、3 份课例，如表 6-2 所示。

表 6-2　人大附中科创教育研究成果

研究成果名称	成果形式	承担人	发表（出版）时间 / 奖励	发表刊物（出版部门）/ 评奖方
《中学生可以这样学 Arduino 单片机控制》	专著	刘长焕	2020 年 3 月	清华大学出版社
《STEM 教育：让学生面对更真实的未来世界——人大附中 STEM 课程的实施与思考》	论文	李作林 恽竹恬 高茹	2018 年第 9 期	中小学数字化教学
《中小学校如何开展人工智能教育——以人大附中人工智能课程建设为例》	论文	周建华 李作林 赵新超	2018 年第 22 期	人民教育
《劳动教育：促进学生个性自由而全面发展的有效途径》	论文	李作林	2019 年第 2 期	创新人才教育
《基于开源硬件的中学人工智能课程设计与实践》	论文	苏晓静 王曦廷 刘梦	2019 年第 9 期	中国信息化
《基于技术学科核心素养形成的单元教学设计研究——以"初中劳动技术（金工）"教学为例》	论文	何玲燕 李作林 陈雪梅	2019 年第 3 期	创新人才教育

研究成果名称	成果形式	承担人	发表（出版）时间／奖励	发表刊物（出版部门）／评奖方
中医文化进校园之科技创新实践	课例	高茹	全球优秀项目奖、全国优秀课程案例奖	国际技术与工程教育协会、第二届中国 STEM 教育发展大会
基于深度学习的高中通用技术课程设计与实践	课例	苏晓静		
时光雕刻机之创意相册	课例	温天骁		

（五）总结与体会

1. 开展基于真实情境的技术学习

只有从真实的、现实的情境出发，在处理各种要素、各种利益的矛盾过程中，学生的工程思维才能更好地形成和发展。比如，设计制作一个多功能笔筒是比较简单的，但当我们把情境放到一个真实的、具体的时空背景和约束条件下，学生就要考虑用户与产品、需求与成本、材料与结构、结构与功能、产品与环境、定制服务与批量生产、项目周期等问题和矛盾冲突。解决问题、处理矛盾、权衡决策的过程，正是学生工程思维形成和发展的过程。

2. 基于项目的合作学习

在项目的筹划、设计、实施、管理和评价的整个实践过程中进行工程思维的培养。项目既可以是围绕工程思维某一个方面展开的活动或任务，如多功能笔筒设计图的绘制任务，侧重规则性、标准性思维的培养，也可以是基于学科大概念，融入多种技术思想和方法开发的大项目，如融结构、系统、流程、控制的思想和方法于一身的"定位小车"项目。任何一个工程项目都不是仅依靠个人之力可以完成的。分工合作的过程不仅有利于学生智慧的碰撞，产生更好的方案，而且有利于培养学生的影响力、领导能力及沟通能力等全局统筹素质。

3. 基于 STEM 的跨学科实践学习

工程的基本特征之一就是跨学科性。工程思维的培养也应具有学科大概念和跨学科概念的视野，融合包括数学、科学、技术、艺术、社会学、工效学、法律、经济学、伦理学等学科知识。如学校大门的设计、新能源小车的设计、中医按摩机的设计等跨学科学习主题。工程的另一个基本特征就是实践性。任何一位卓越的工程师都不是从理论中走出来的，也不是从书本中学出来的。只有经历了工程实践活动的历练和洗礼，通过不断解决工程实际问题，才能逐渐成为一名卓越的工程师。学生工程思维的培养也是如此。

三、中国人民大学附属中学实验小学工程思维培养探索

（一）简介

中国人民大学附属中学实验小学（以下简称"人大附中实验小学"）坚持以"举全体之力，办优质教育，让每一朵生命之花幸福绽放"的办学理念，借鉴人大附中创新人才培养模式，重视创新人才培养。学校作为中国教育科学研究院评选出的全国首批"STEM 教育领航学校"，近年来致力于 STEM 教育的实践探索，形成了具有一定特色的 STEM 课程体系，尤其重视对学生工程

素养的培养。

（二）教学理念

学校为 STEM 教育活动设计了专属 Logo（标志），如图 6-5 所示，Logo 特别体现了学校对工程教育的重视。Logo 由"人"字和 S、T、E、M 四个字母组成，以"人"字为核心，"人"字取自校名，同时表示学校 STEM 教育以育人为本，四个字母排列表示以数学（M）为基础，以科学（S）和技术（T）为支撑，以工程（E）为中心，其中字母"E"放在"人"字中心并反色强调，表示学校 STEM 课程中对培养学生工程素养的重视。

图 6-5　人大附中实验小学的 STEM Logo

（三）课程体系

学校科创教育课程分为四类，分别是科学探究类、手工制作类、电子信息类、工程挑战类。科学探究类课程重视与科学知识原理的结合，注重科学探究过程和工程实践能力培养，引导学生探究人与自然、人与社会的关系。手工制作类课程以"造物"为导向，练习使用工具，重视在制作的过程中让学生发挥创造性，解决实际问题。电子信息类课程以电子技术和信息技术为基础，使用开源电子和软件编程进行制作和探究，强调将技术应用于生活。工程挑战类课程强调在限制条件下进行建造或制造活动，以"更高、更快、更强"等理念设立挑战目标，让学生体验工程设计与制造流程，理解工程过程与方法。

将课程进行分类有这样一些优点。首先，教师在选择课程内容时有了更加明确的方向，不再是像以前一样漫无边际地寻找课程主题。其次，教师在设计课程时有了更加清晰的思路，不再是眉毛胡子一把抓。最后，保证了课程内容的丰富性，使得各年级、各学期的教学内容能够基本覆盖不同类型的课程，避免了授课内容单一化的现象。

四类课程虽然侧重不同，但是都指向对学生工程素养的培养，课程内容既涉及像工艺和工序这样的工程概念理解，也包括识图画图和工具使用这样的技能训练，还包括产品实现和结构搭建这样的工程实践过程。课程目标基于工程素养培养，从批判性思维、技术能力、专注力、好奇心、想象力和表现力六个维度设定了学生培养目标，如图 6-6 所示。在实际课程设计上，依据各年级学生的年龄特点，对六大课程目标进行有侧重性的培养。

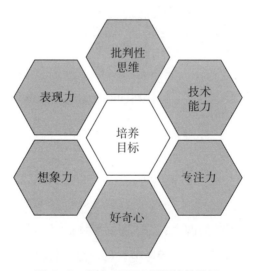

图 6-6　学校 STEM 课程培养目标

（四）实践活动

学校组织多样的工程实践活动，鼓励学生参加各级各类竞赛及展示活动，努力为学生搭建展示舞台。自2018年以来，我校学生参加了全国科技活动周开幕式、全国未来工程师竞赛、内地与香港STEM教育交流、未来工程师中英青少年挑战赛等活动。

学生在学习了木编拱桥的历史与文化等知识后开始尝试"造桥"活动，如图6-7所示，看谁能不用胶水粘接搭出跨度最大的拱桥，然后将自己的造桥记录发布到网络平台，展开"挑战"。最终五（6）班蔡羽辰同学以10根横梁215厘米的记录在2019"木编拱桥"工程挑战活动中排名全校第一。

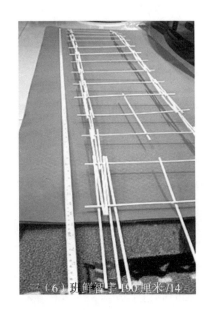

五（6）班蔡羽辰215厘米/10   三（6）班鲜智宇190厘米/14

图6-7 "木编拱桥"工程挑战活动

在2018年全国科技活动周启动仪式上，人大附中实验小学学生成功搭建了"中国梦之桥"，如图6-8所示，拉开了科技周的序幕。

在2019年全国未来工程师竞赛现场，学生们创作的"无忧鼓"受到了中国月球探测工程首席科学家欧阳自远院士的关注，如图 6-9 所示。欧阳自远院士对学生们的创新与创意给予了肯定，兴奋地竖起大拇指给孩子们点赞。

图 6-8　人大附中实验小学学生搭建的"中国梦之桥"

图 6-9　2019 年全国未来工程师竞赛现场

（五）总结与体会

人大附中实验小学强化"能力为先"的课程理念及实践性学习、探究性学习的课程实施方式。教师创设和谐、民主的课堂氛围，引导学生思维碰撞，建设独立思考与合作学习共融的高效课堂。从单元整体出发，创设学习情境，布置学习任务，从认知、理解、应用、分析、评价和创造六个层面制订教学目标，引导学生开展学习活动。力求引导学生在深度学习活动中，实现认知由低阶思维有序向高阶思维发展。

通过近年来的不懈努力，学校 STEM 教育已经得到广大师生及社会的认可，教师团队日渐成熟，课程体系初步形成，课程内容不断深化发展。从学校的实践经验来看，抓住工程素养培养这个核心，可以明确 STEM 教育目标，弥补现有教育不足，可以使 STEM 课程内容选择更加聚焦，课程设计思路更加清晰。

学校将坚持探索"以工程素养培养为核心，以技术能力训练为途径"的

STEM 教育实践，共同探索 STEM 教育的中国模式，为国家培养创新型人才做出贡献。

四、清华大学附属中学工程思维培养探索

（一）简介

清华大学附属中学（以下简称"清华附中"）成立于 1915 年，隶属于清华大学。清华附中始终坚持"以育人为中心，以学生为主体"的教育思想和"为领袖人才奠基"的办学使命，大力提倡教学改革，鼓励创新，发展国际教育，为祖国建设和社会发展培养了大批人才。

（二）建设历程

目前，清华附中有四种课程体系：核心课程、综合课程、领导力课程和学生自创课程，均将 STEM 教育理念渗透其中。其中，综合课程的优秀范例——"走进圆明园"课程体系于 2012 年在清华附中开设。清华附中大力发展 STEM 教育，并建立了六个高研实验室和创客空间。创客空间于 2013 年建立，其目的在于通过工程实践培养学生的创新能力。为了满足 STEM 教育需求，清华附中创客空间建立了辅助的课程体系——挑战极限学习过程，通过分布式工作流，帮助学生建立群体性认知模式，并记录学生的个人学习和工作信息，提供数据化的评价。作为一个综合性、跨学科性的课程体系，挑战极限

学习过程涵盖科学、工程和艺术等学科主题，学生可以任意选择自己感兴趣的课程。2014年，清华附中与美国托马斯杰斐逊科技高中合作，在其帮助下建立了包括机器人与自动化、能源系统、计算机科学、地理信息系统、生命科学、化学分析实验室在内的六个高研实验室。

（三）教学理念

经过多年的实践，清华附中逐步建立了一套人才培养系统——序列式动态自强培养模式。这套系统立足对学生科学思维、工程思维、创新思维、创新能力的培养，助力于建立创新型人才队伍。

对思维和能力的培养立足点在人，要先从人开始思考这个问题。物理学家薛定谔首先提出人的遗传信息被记录在一个大分子中，这个大分子就是后来人们熟知的DNA，碱基对的序列记录了遗传信息。显性基因主导人的生长，隐性基因一旦被激发又会影响人的生长路径。人的生理生长如此，思维成长也有相似的框架。DNA的碱基对序列记录了人生理生长所需要的信息，课程序列同样记录了人思维成长所需要的信息。人的生理生长是在DNA指导下自我成熟的积累过程，人的思维成长同样需要挑战自己、战胜自己的自强过程。DNA中的隐性基因会改变人前一刻已经定好的生长轨迹，思维成长的培养也应有这样的动态机制。

（四）课程体系

学校为低学段5—6年级的学生建立了多元智能实验室，为中学段7—9年级的学生建立了创客空间，为高学段10—12年级的学生建立了高研实验室。学校建立了适应学生创新思维和能力发展的创思维、创世界、创未来三层时序递进课程。在培养体系中设立大量的项目研发过程，让学生可以独立思考、团队合作、挑战自己、胜己自强。同时，课程和项目为学生提供了自主选择的空间，让学生自主选择、动态发展，以最适合自己的方式成长。

"创思维"是面向低学段学生开设的课程，主要培养学生的创客思维。好奇心和想象力是创新的动力基因。学生在孩童时想象的世界是天马行空的，而很多学生长大之后就失去了这份想象力，也就意味着丧失了创新的原动力。要培养学生的创新能力，首要就要稳固和增进学生的想象力。清华附中为学生提供了实现创意的空间，引导学生满怀希望，建设他们想象中的未来。着眼于培养低学段学生的创客思维，学校开设了计算思维课程、乐高智能家居课程、萝卜太辣机器人课程、卡魅课程等。

"创世界"是面向中学段学生开设的课程，主要培养学生形成创客团队，探究周围的世界，用创新产品改造周围的世界。创世界课程包含活动类挑战极限学习课程，以及 ISECT（综合、科学、英语、语文、技术）合纵课程。ISECT 课程是符合 STEM 教育理念的课程，通过项目驱动的方式，培养学生提出有意义的问题和解决实际问题的能力。因为实际问题通常不是依靠单一学科知识就能解决的，所以这个过程必须要多学科合作才能完成。在 ISECT 课程中，各个学科作用不同，科学提供学生可以研究的科学选题，技术提供学生设计并制作实验仪器的手段，语文、英语都是帮助学生进行文献综述、论文写作、研究报告撰写。所有学科合纵联合，形成合力回答学生所选择的科学问题。

"创未来"课程是面向高学段学生开设的课程，主要培养学生的研究能力，直面专业前沿领域。高学段学生面临专业选择，专业选择结果很大程度上影响他们未来的职业选择。清华附中与美国托马斯杰斐逊科技高中联合建立了机器人与自动化、能源系统、计算机科学、地理信息系统、生命科学、化学分析六个高研实验室。高研实验室为学生制订了 2 年的培养计划，如表 6-3 所示。高一的第一个学期是专业连横课程，高一的第二个学期是项目开题，高二进行项目研究。在每一个学段课程结束之后，学生都可以自主选择研究课题，提交项目方案。方案通过审核后，有相应的空间及资源支持学生开展项目研究。

表6-3 项目研究培养计划

	实验室	高一上学期：专业连横课程	高一下学期	高二
机器人与自动化	Solidwork，C语言，Arduino	科技英语，穿戴式设备设计技术，树莓派	项目开题	项目研究
能源系统	Solidwork，C语言，Arduino，材料基础，物理学	科技英语，温差发电系统设计，动能转化系统设计	项目开题	项目研究
计算机科学	数据结构，IOS系统	APP设计	项目开题	项目研究
地理信息息系统（GIS）	GIS数据采集和分析系统，科技英语	地理数据建模分析	项目开题	项目研究
生命科学	分子生物基础课程	高分子生物科学仪器操作	项目开题	项目研究
化学分析	分析化学和电化学基础课程	分析化学和电化学科学仪器操作	项目开题	项目研究

下面以创客空间和高研实验室为例，介绍学生开发项目的流程。进入创客空间的学生，在低学段已经学习了创新思维课程，而且经过初中合纵课程的学习已经有了形成创意，并把创意变成现实的能力。学校设立创客项目审批机制，学生根据要求提交项目申请表，由创客组委会（学生组成）进行第一轮审批，通过的再提交给创客指导教师，通过之后就可以立项，进行项目研发。学生在创客空间的项目大多是以团队形式合作完成的，学生经历群体性协同学习，实现优势互补和自我突破。高研实验室的项目研发，相较于创客空间更加科学、系统和完善。学生提交项目提案、文献综述等，实验室主任根据学生提交的内

容进行评议，和学生讨论报告中出现的问题，并邀请相关领域专家进行开题答辩。方案通过后正式立项，并让学生做中期汇报，最后邀请相关领域权威专家做结题答辩评审。学生经历完整而科学系统的项目研究过程，可以提前了解所选专业的前景，为未来的专业选择奠定理性基础。同时，掌握科学的研究方法，养成科学严谨的研究习惯，为以后的学业发展打下基础。

（五）总结与体会

清华附中是"中国 STEM 教育 2029 行动计划"首批领航学校，从 2010 年开设"三走进"系列课程（"走进圆明园""走进科学殿堂""走进文化经典"）以来，积累了丰富的课程资源与素材，搭建了完善的课程体系。从 2017 年开始联合国内外专家学者，共同制订符合中国特色的 STEM 课程实施规划。学校以 STEM 理念为指导，通过项目式学习，引领学生在复杂问题解决过程中重构知识关联，通过表现性评价促进学生高阶思维的发展。

清华附中的科技教育成绩得益于学校在科技教育上的重视和投入。学校构建了功能完善、设施齐全的科创教育软硬件环境，培养和造就了一支优秀的科技教育师资团队，建设了覆盖全体学生的校本科创课程，对部分学有余力的学生进行深入培养，让其经历完整的课题研究过程，培养和锻炼学生的科研能力。（王殿军，2020）

未来，清华附中会继续发挥自身科技教育的优势，为激励学生树立远大志向提供悉心指导，帮助他们夯实学术基础，为他们提供脱颖而出的机会，为学生未来的成长和发展奠定良好的基础。

五、广东实验中学越秀学校工程思维培养探索

（一）简介

广东实验中学越秀学校（以下简称"省实越秀"）是广州市越秀区区属全日制完全中学，2019 年由广州市第二十一中和广州市越秀外国语学校合并而成，委托广东省实验中学管理，成为广东省实验中学教育集团的一员，各方面办学条件处于广州市平均水平。

学校在 2017 年 7 月创建了学创中心，以此为平台组织各科教师进行STEM 教育、PBL 教育、创新教育等主题培训，来自物理、数学、生物学、通用技术、美术等不同学科的教师自发组成团队，进行创新教学模式的探索与尝试。2020 年 9 月，在原学创中心基础之上，成立综合实践教研组，进一步开展工程教育和跨学科教学的探索。

（二）教育理念

学校创新教育遵循"面—线—点"路径，利用综合实践和通用技术课程，面向全体学生开展项目式教学。对部分有兴趣的学生，进一步开展工程思维培养，根据学校实际情况，选择可实现的多学科融合项目进行实践。对热爱工程的学生，辅导其进行深入研究，鼓励学生制作并完善自己的作品，参加相关大赛，培养勇于挑战的精神和品质。

（三）教学平台

图 6-10 所示为学创中心教育空间。学创中心教育空间由学校与深圳中科创客学院合作建设。该空间承载学生创造力思维培养、为实现创意提供技术帮助和相关支持的任务。此外，学创中心也是学校教师团队开展跨学科教学研究的实验平台和实践平台，集中开展基于 STEM、PBL 等教育模式的课程设计与教学实践。

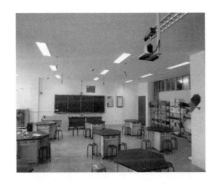

图 6-10　学创中心教育空间

学创中心室内总面积约 200 平方米，分为学创课室、设计室、操作间几个部分。学创课室面积约 160 平方米，可以满足一个行政班上课需求，布置了 10 张六边桌，方便开展小组活动。学创中心设备可以满足金属、木材、塑料、布匹等材料的基本加工，另外还配备了电子元件、机器人套件、Arduino 套件和防护工具等，有足够的空间放置必备工具和学生作品。

（四）课程建设

工程思维是高中通用技术学科的核心素养之一，利用通用技术学科、综合实践学科的物化项目，对全体学生进行工程思维的启蒙教育，继而开设以工程思维培养为基础的跨学科校本课程。选择一个好的项目课程既是重点，也是难点，工程思维培养需要立足于解决真实问题，利用学校的各项大型活动如运动会、科技节、新年嘉年华等作为项目的最终目标指向相对简单易行。

1. 课程背景

本课程设计与实施的路径是教师先学习工程思维相关内容，在校园中寻找可实现的工程项目，进行工程项目课程设计与开发，再指导学生开展工程项目实践，在项目实践过程中培养学生的工程思维。

2. 课程设计

任课教师阅读书籍，学习工程思维，探访工程从业人员，了解工程思维的特点。在相关理论学习的基础上，对学校学创中心成立以来的项目教学案例进行梳理，从中挖掘出工程思维要素，此过程类似于工程教育方法中的逆向工程法。如对 2018 年的一个初中 STEM 教学案例"琥珀的制作与售卖"项目，重新从工程思维的角度进行解析，设计了"人造琥珀设计与制作"课程，图6-11显示了"人造琥珀设计与制作"课程实践。

图 6-11 "人造琥珀设计与制作"课程实践

"人造琥珀设计与制作"是依托综合实践课，面向初一年级学生开设的综合 STEM 创造力培养课程。该课程由生物、美术、通用技术、物理等学科教师共同承担。在课程设计过程中，经过教师团队充分讨论，决定以 STEM 理念解构项目中的跨学科知识和技能，厘清课程的育人目标，以人造琥珀设计与制作作为项目和课程载体，培养学生的工程实践和创新能力。

3. 课程实施

第一步，发布任务，制作琥珀作品，并在学校新年嘉年华活动中售卖。从分析问题明确需求开始，以嘉年华售卖为现实目标，鼓励学生系统分析全局，统筹考虑各种约束条件和项目需求，选择合适的方法和路径，做好分工管理和进度管理。

第二步，教师赋能，以发明家式的解决任务理论为依托，学生学习创新的理论和方法，经过头脑风暴形成创意，团队讨论筛选出最优作品方案。

第三步，开始制作，学习制作工艺，培养工匠精神，渗透物理、生物等学科知识。

第四步，对作品进行评估和优化。

第五步，进行商业运作，包括摊位选择、销售路线讨论等。

第六步，售卖和核算。

4. 课程评价

学生为了成功销售自己的作品，积极投入，充分发挥创意，认真制作，共同探讨怎样把作品做到产品级别；购买配件时仔细核算成本，考虑定价；在选择售卖场地时，系统分析人流量以及收费方式等。该项目最后实现了产品售卖，学生收回了成本，课程学习效果理想。

（五）总结与体会

学生通过工程思维训练，学习工程基本方法，并运用所学的工程知识进行模型制作，有效地培养了学生的工程思维核心素养。学生学会了系统分析，寻找合适的解决方案，在项目完成过程中，锻炼了从经历困难、积极思考，到创新性地解决问题的能力。

以工程思维训练为目的的课程实践，让教师也获益良多。对于常规课堂教学，可以运用工程思维进行解构，包括情境创设、明确目标、统筹因素（包含学生因素、学科知识因素、条件因素等）、分解学段目标、不断迭代优化。运用工程思维的方法设计课程，可以做到从容面对各种约束条件，有条不紊，更好地预知项目推进过程中可能遇到的困难。

工程思维是以实现为目的的思维。正如前文所说，每个人都具备一些工程思维，就可以更好地看待平时生活中遇到的问题，培养面对和解决复杂问题的能力。

本章回顾与反思

1. 简述学校系统组织和开展学生工程思维培养可以从哪些方面着手。

2. 谈谈如何结合学校实际进行学校层面的工程思维教育设计与实施。

参考文献

BURKE B N，2014. The ITEEA 6E Learning by DeSIGN™ Model：Maximizing Informed Design and Inquiry in the Integrative STEM Classroom［J］. Technology & Engineering Teacher，73（6）：14-19.

BERGE，THOMPSON，INGRAM，et al.，2014. Engineering Design and EFFECTs: A Water Filtration Example［J/OL］. Science Scope，38（3）.https://www.nsta.org/store/product_detail.aspx?id=10.2505/4/ss14_038_03_16. DOI: 10.2505/4/ss14_038_03_16.

MISHRA P，KERELUIK K，2011. What 21st Century Learning？ A Review and a Synthesis［C］//KOEHLER M，MISHRA P. Proceedings of SITE 2011: Society for Information Technology & Teacher Education International Conference. Nashville，Tennessee，USA: Association for the Advancement of Computing in Education(AACE): 3301-3312.

VAHTIVUORI-HÄNNINEN S，HALINEN I，NIEMI H，et al.，2014. A New Finnish National Core Curriculum for Basic Education(2014) and Technology as an Integrated Tool for Learning［M］//NIEMI H，MULTISILTA J，LIPPONEN L，et al. Finnish Innovations and Technologies in Schools: A Guide towards New Ecosystems of Learning. Rotterdam: Sense Publishers: 21-32.

CRAWLEY E F，MALMQVIST J，ÖSTLUND S，et al.，2009. 重新认识工程教育：国际CDIO培养模式与方法［M］. 顾佩华，沈民奋，陆小华，译. 北京：高等教育出版社.

NASA，2018. Engineering Design Process［EB/OL］. https://www.nasa.gov/audience/foreducators/best/edp.html.

蔡乾和，2011. 什么是工程：一种演化论的观点［J］. 长沙理工大学学报（社会科学版），26（1）：83-88.

戴维斯，2012. 像工程师那样思考［M］. 丛杭青，沈琪，等译校. 杭州：浙江大学出版社.

邓波，徐德龙，2014. 从工程哲学反思工程教育及其思想［J］. 自然辩证法研究，30（1）：83-89.

段新明，2007. 工程哲学视野下的工程教育［J］. 高等工程教育研究（1）：28-31.

顾基发，高飞，1998. 从管理科学角度谈物理－事理－人理系统方法论［J］. 系统工程理论与实践（8）：1-5.

何继善，王孟钧，王青娥，2013. 中国工程管理现状与发展［M］. 北京：高等教育出版社.

核心素养研究课题组，2016. 中国学生发展核心素养［J］. 中国教育学刊（10）：1-3.

贺甜甜，2022. STEM 教育视阈下工程思维的内涵与价值探析［J］. 中小学电教（8）：30-33.

侯甜，李静静，2019. 工程教育的现代审视：STEM 课程活动的视角［J］. 中小学电教（9）：70-73.

霍伦斯坦，2017.工程思维（原书第5版）［M］.宫晓利，张金，赵子平，译.北京：机械工业出版社.

金涌，2020. 科技创新启示录：创新与发明大师轶事［M］. 北京：清华大学出版社.

李伯聪，2018. 工程思维的性质和认识史及其对工程教育改革的启示：工程教育哲学笔记之三［J］. 高等工程教育研究（4）：45-54.

李伯聪，2008. 工程创新：聚焦创新活动的主战场［J］.中国软科学（10）：44-51,64.

李伯聪，等，2010. 工程创新：突破壁垒和躲避陷阱［M］.杭州：浙江大学出版社.

李锋亮，吴帆，2021. 全球高等工程教育的变革［N/OL］. https://baijiahao. baidu.com/s?id=1693248525658009958&wfr=spider&for=pc.

李国强，江彤，熊海贝，2013. 法国高等教育与高等工程教育概况［J］. 高等建筑教育，22（2）：44-47.

李金义，宋丽梅，2018. 新工科形势下系统工程思维和学习力的培养探究［J］. 科教导刊（3）：48-49，54.

李新民，2009. 三峡工程：从"建设期"转入"运行管理期"：国务院三峡办领导谈三峡工程后续工作［J］. 中国三峡（S1）：137-138.

李修元，2020. 基于CDIO模式的小学机器人教学探索与研究［J］. 信息与电脑（理论版），32（24）：201-203.

李永胜，2015. 论工程思维的内涵、特征与要求［J］. 洛阳师范学院学报，34（4）：12-18.

李正，林凤，2007. 从工程的本质看工程教育的发展趋势［J］. 高等工程教育研究（2）：19-25.

李志义，2022. 《华盛顿协议》毕业要求框架变化及其启示［J］. 高等工程教育研究（3）：6-14.

联合国教科文组织，2021. 工程：支持可持续发展［M］. 王孙禺，乔伟峰，徐立辉，等译. 北京：中央编译出版社.

林健，2015. 工程教育认证与工程教育改革和发展［J］. 高等工程教育研究（2）：10-19.

林健，2013. 卓越工程师培养：工程教育系统性改革研究［M］. 北京：清华大学出版社.

刘华，张祥志，2014. 我国K—12工程教育现状及对策分析：基于创造力维度的思考［J］. 教育发展研究，33（4）：67-71.

卢纯，2019. 百年三峡治水楷模工程典范大国重器：三峡工程的百年历程、伟大成就、巨大效益和经验启示［J］. 人民长江，50（11）：1-17.

卢小花，2020. 项目式学习的特征与实施路径［J］. 教育理论与实践，40（8）：

59-61.

吕迪，2017. "卓越计划"试点专业大学生工程实践能力的提升研究［D］. 武汉：武汉理工大学.

马前锋，李江，滕跃民，2014. 德国高等工程技术教育模式的特点探析及启示借鉴［J］. 改革与开放（19）：84-85，89.

孟超，王三反，2012. 西北地区水窖水质的污染原因及防治措施［J］. 北方环境，24（2）：64-67.

潘家铮，王家柱，2001. 科学论证是重大工程正确决策的基础：三峡工程论证结论的实践验证［J］. 中国工程科学（3）：21-26.

彭熙伟，李怡然，郭玉洁，等，2021. ABET 工程专业认证标准新变化分析及其启示［J］. 电气电子教学学报，43（4）：9-12.

齐健，刘勤兵，2021. "中国天眼"已发现 500 多颗新脉冲星［EB/OL］. 新华网. http://m.news.cn/gz/2021-12/16/c_1128167952.htm.

尚存良，陆佑楣，2016. 长江三峡工程的工程方法研究［J］. 工程研究：跨学科视野中的工程，8（5）：544-560.

时慧，李锋，2019. 新工程教育：STEM 课程的视角［J］. 开放教育研究，25（3）：36-43.

孙妍妍，何沣燊，2021. 以"工程"为中心的 STEM 课程驱动问题设计研究［J］. 华东师范大学学报（教育科学版），39（8）：33-44.

王殿军，2020. 深化基础教育教学改革的九大行动［J］. 人民教育（2）：58-60.

王荣德，王培良，祝守新，等，2019. 协同创新视域下培养现代工程技术人才探析［J］. 教育探索（1）：60-64.

王孙禹，刘继青，2013. 中国工程教育：国家现代化进程中的发展史［M］. 北京：社会科学文献出版社.

王孙禹，江丕权，孙宏芳，等，2001. 从国际比较看我国工程教育改革［J］. 科学新闻（46）：12-13.

王振州，2009. 实践理性视域下的工程思维研究［D］. 西安：西安建筑科技大学.

吴娟，2013. 工科大学生的工程意识及其调查分析：基于工程哲学的视角［D］. 合肥：合肥工业大学.

吴启迪，2017. 中国工程师史：第一卷：天工开物：古代工匠传统与工程成就［M］. 上海：同济大学出版社.

吴涛，刘楠，孙凯，2018. "新工科"视域下工程人才关键能力的思考［J］. 黑龙江高教研究（3）：156-160.

谢丽，李春密，2017. 整合性STEM教育理念下的课程改革初探［J］. 课程·教材·教法，37（6）：62，63-68.

邢志强，王伟宾，2021. 新时代我国中小学工程教育的必要性与对策：基于高校与中小学教育融合的视角［J］. 首都师范大学学报（社会科学版）（4）：160-168.

徐长福，2003. 工程问题的哲学意义［J］. 自然辩证法研究，19（5）：34-38，74.

徐佳，2020. 法国高等教育结构：简介与启示［J］. 世界高等教育，1（1）：36-49.

闫广涛，2015. 张光斗与三峡工程建设研究（1944—2009）［D］. 福州：福建师范大学.

杨马林，2005. 三峡工程：决策科学化民主化的典范［J］. 决策与信息（Z1）：72-75.

杨洋，2018. 运用"6E设计教学模式"开发和验证STEM教育活动：以"帆车设计中的动力学与能量转化"为例［D］. 北京：北京师范大学.

殷欢，2019. 当我们谈STEM教育中重视"E"（工程学）时，我们应该怎么做？责编带你读《STEM教育这样做》［EB/OL］. https://mp.weixin.qq.com/s/izTRCV5qwNBrdRXXDN17aA.

殷瑞钰，2009. 工程演化论初议［J］. 工程研究：跨学科视野中的工程，1（1）：75-82.

殷瑞钰，李伯聪，汪应洛，等，2011. 工程演化论［M］. 北京：高等教育出版社.

袁本涛，郑娟，2015. 博洛尼亚进程后欧洲工程教育专业认证的发展研究：以欧洲工程教育认证网络为例［J］. 清华大学教育研究，36（1）：28-33.

赵美岚，2006. 工程思维探析［D］. 南昌：南昌大学.

赵中建，2002. 面向全体美国人的技术：美国《技术素养标准：技术学习之内容》述评［J］. 全球教育展望，31（9）：41，42-47.

赵中建，2015. 美国STEM教育政策进展［M］. 上海：上海科技教育出版社.

赵中建，2017. 美国中小学STEM教育研究［M］. 上海：上海科技教育出版社.

郑守仁，2016. 三峡工程运行以来的几个问题思考［J］. Engineering，2（4）：10-27.

中国工程教育专业认证协会，2022. 工程教育认证标准［EB/OL］. https://www.ceeaa.org.cn/gcjyzyrzxh/rzcxjbz/gcjyrzbz/tybz/630662/index.html.

周绪红，2016. 中国工程教育人才培养模式改革创新的现状与展望：在2015国际工程教育论坛上的专题报告［J］. 高等工程教育研究（1）：1-4.

朱伟文，谢双媛，2016. 英国工程专业能力标准及启示［J］. 继续教育，30（4）：7-10.

朱永灵，盛昭瀚，张劲文，等，2019. 港珠澳大桥工程决策理论与实务［M］. 北京：人民交通出版社.

邹纲明，关志强，李润，等，2009. 化工工程教育改革与"大工程观"［J］. 化工高等教育，26（3）：15-22.